红色历程

人民东方出版传媒
東方出版社

指导专家：（按姓氏笔画排序）

卜宪群　马世力　王子今　王斯德　任鹏杰　苏　浩
李少兵　李月琴　李宏图　李继锋　沈海涛　张　进
张　诚　张建华　陈　理　陈仲丹　陈红民　陈祖洲
陈晓律　陈谦平　周巩固　赵亚夫　胡阿祥　柳文全
祝宏俊　徐　坚　梅雪芹　廖晓晴

主　　编：刘　军

本册主编：冯长运

目录 CONTENTS

国家记忆·建都

丝路故事·贸易、婚姻与战争

历史探索

专题叙事

专家视野

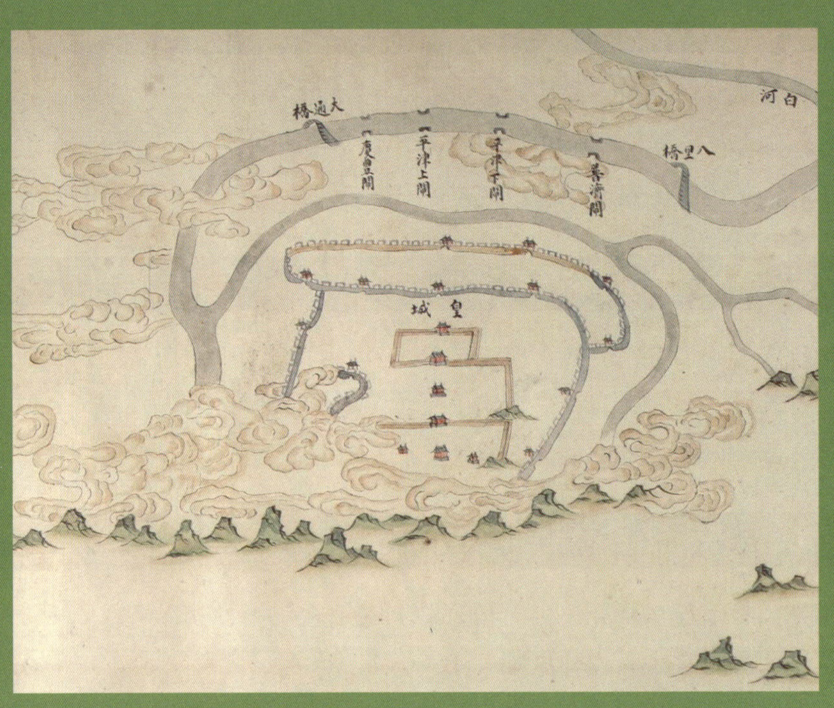
白河
大通橋
慶豐閘
平津上閘
平津下閘
普濟閘
八里橋
皇城

国家记忆·建都

西汉定都关中与关中都市圈的建设

文｜天津师范大学历史文化学院　于双远

首都是一个国家的政治中心，往往同时也是一个国家的经济、文化中心，有如国家的心脏。那么，首都的建立一般需要满足哪些条件呢？英国地理学家柯尼希认为，建都地点大致要具备三个条件：一是自然仓库，二是交通枢纽，三是要塞。站在今天来看首都的功能，柯尼希所提的这三点仍很重要，但不够全面。

从经济上来说，首都要建立在自然资源相对富足的地区，充裕的粮食在古代对都城的影响极为突出；从地理位置上来说，首都要建立在有助于政情上传下达的位置，最好是“天下之中”；从交通上来说，首都要建立在交通便利处，尤其是位置不在“天下之中”时，必须靠便利的交通来保证信息和物质交流的畅通；从军事上来说，首都要建立在那些有险可守的地区，以利于防卫的稳固；从政治上来说，首都要建立在有利于控内御外的地区，以取得统领天下的地势与气势。此外，首都的建立有时还会考虑与政权发源地的远近、建都地区的文化特色等因素。在都城的确定方面，西汉初年刘邦君臣的一番议论或可为我们提供一些参考。

西汉定都关中的过程及原因

汉高祖五年（前 202）十二月，刘邦最终击败了劲敌项羽，正式登基做了皇帝，定都洛阳，置酒高会，分封功臣。作为开国天子，他希望国家能成为长治久安的伟大帝国。就在这时，娄敬跑了过来，要求面见刘邦。

《史记》记载，两人一见面，娄敬就问道："陛下您定都洛阳，是想效仿周室吗？"在得到刘邦的肯定回答后，娄敬很不客气地对刘邦讲出了周室长治久安、传之久远的真正原因，并明确说明如今的西汉从各方面都难以与周相比。最后，娄敬说："且夫秦地被山带河，四塞以为固，卒然有急，百万之众可具也。因秦之故，资甚美膏腴之地，此所谓天府者也。陛下入关而都之，山东虽乱，秦之故地可全而有也。夫与人斗，不搤其亢，拊其背，未能全其胜也。今陛下入关而都，案秦之故地，此亦搤天下之亢而拊其背也。"

图 1-1 清姚文翰所绘绢本汉高祖像

娄敬的分析有理有据，打动了刘邦，刘邦于是征求群臣的意见。

朝中重臣的老家多在东方，他们觉得洛阳离老家比较近，于是积极发言主张定都洛阳。他们说："洛阳东有成皋，西有崤、渑，背河，向伊、洛，其固亦足恃也。"

刘邦不能定，于是去问自己最信任的谋士张良。张良说："洛阳虽有此固，其中小，不过数百里，田地薄，四面受敌，此非用武之国也。夫关中左崤函，右陇蜀，沃野千里，南有巴蜀之饶，北有胡苑之利，阻三面而守，独以一面东制诸侯。诸侯安定，河渭漕挽天下，西给京师；诸侯有变，顺流而下，足以委输。此所谓金城千里，天府之国也，刘敬说是也。"张良所说的刘敬，就是我们所说的娄敬。娄敬因为功劳大，得赐刘姓。这在古代历史上，是无上的荣宠。《史记》记载娄敬，一般称他为"刘敬"。听了张良的话，刘邦下定决心，即日车驾西行，定都于关中。

说白了，汉朝的建都之地，娄敬、张良均觉得关中比洛阳更适合。具体来讲，西汉初年的关中地区有许多洛阳地区无法比拟的优越条件。

首先，关中地区"被山带河，四塞以为固"，从军事上来说，这是一个有要塞保护的地区。关中地区南面有秦岭连绵，隔绝南北；北面有北山，阻隔了关中地区与北方的交通；东面有崤山纵列，作关中地区的屏障；西面有汧山、陇山相接，抵挡了西方少数民族的侵扰。因此，不管是当时函谷关以东的异姓、同姓诸侯王，还是北方草原地区的匈奴，想要轻松地率兵攻进这一地区，都是很难做到的。所以，从军事要塞的方面来讲，这比"东有成皋，西有崤、渑，背河，向伊、洛"的洛阳地区优势更明显。

其次，关中地区"南部秦岭山地，坡陡谷深，景色雄奇。北部渭河平原及中部秦岭山麓洪积扇与黄土台塬起伏和缓，原野秀丽。特别是城区所在的西安小平原，原阜舒展，河流萦绕，土壤肥沃，气候温和，自然环境十分优越；加上四周有雄关扼守，因此自古就有‘天府’之美誉”。根据《西安历史地图集》的记载，关中地区有着比较优秀的自然环境，“沃野千里”，特别适合发展农业生产，再加之以郑国渠为代表的一系列水利工程对耕作条件进行了改善，使这里成为一个不折不扣的“天府之国”，满足了都城物质生活的基本需要。如果加上巴蜀粮仓和西北兵马之利，关中自然仓库的优势更加明显。如果西汉在洛阳建都，经济上恐怕很难满足建都的需求。毕竟，洛阳所在的伊洛小平原方圆不过数百里，且开发相对较早，地少人多。

图 1–2 关中平原

再次，西汉初年，汉朝的主要政治矛盾是中央与“山东地区”[1]诸异姓、同姓诸侯王之间的矛盾，对外的主要政治矛盾是汉朝与北方草原地区匈奴之间的矛盾。关中地区位于我国地势的第二阶梯，“山东地区”则主要处于第三阶梯。《读史方舆纪要》中说，关中地区对“山东地区”处于一种“据天下之上游，制天下之命”的地理位置上。可以说，无论是从地势上还是气势上，关中地区都具有一种居高临下、以西制东的优势。而就御外来说，定都关中，以“河渭漕挽天下，西给京师”则可以建立前进基地，北御匈奴。虽然西汉初年，匈奴再次占据河套地区，但两者之间有秦昭襄王时期所修长城和汉初补筑的长城进行防护。如果西汉能够再次北逐匈奴，便可以利用秦始皇所修的长城进行更有效的防御。此外，定都关中，有利于打通通往西域的通道。可以说，关中对于西汉来说是一个难得的具有政治

图1-3　秦始皇像

[1] 山东地区：作为一个地理区域的名称，最早始于战国，当时秦人称崤山、函谷关以东的地区为“山东”，为一个地域性的泛称。

优势的地区。洛阳“四面受敌”，对内难以形成统领天下的气势，对外由于黄土高原千沟万壑的阻隔，难以形成对匈奴的有效进攻性防御。

最后，秦始皇在统一全国后下令拆毁以往各诸侯国修筑的用于互相防御的关塞、堡垒等障碍物。为了加强交通运输，于秦始皇二十七年（前220）修建了以都城咸阳为中心的驰道，主要干线有两条：一条向东直通燕齐，一条向南直达吴楚。秦始皇二十九年（前218），秦始皇命令蒙恬修了一条由咸阳向北延伸的直道，经云阳、上郡直达九原。另外，秦朝还在今云贵地区修“五尺道”，在今湖南、江西、广东、广西之间修筑了攀越五岭的“新道”，一个以咸阳为中心的四通八达的交通网，在秦朝时已把全国各地联系在一起了。西汉定都关中地区，便直接处于交通枢纽的地位，可以充分利用秦朝构建的交通纽带。虽然关中地区不是“天下之中”，但其便利的交通在一定程度上弥补了这种缺陷。在西汉初年，洛阳的交通状况与关中地区相比，要逊色不少。尽管洛阳在东周时曾经作为周朝的国都，从建都文化上不逊色于关中，但相对而言，汉朝与秦朝的管辖范围相似，建都于关中更有地理方面的优势。

总之，秦汉之际的洛阳，除了在地理位置上处在“天下之中”外，无论是从经济、交通方面考虑，还是从政治、军事方面考虑，都要比关中地区逊色。虽然洛阳离汉初众多功臣的老家更近一些，但从国家长治久安的角度来考虑，定都关中自然是西汉初年刘邦的最好选择。

西汉政府对长安城的建设及长安城职能的分析

确定定都关中之后，刘邦车驾西行，暂时居住在秦旧都栎阳，并开始修建新都。不过，西汉新都的建设非常漫长。西汉初年，长期的战乱造成人口大量减少，百废待兴，国家非常困难，财力不济，于是汉初采取休养生息、轻徭薄赋的政策，与民休息。在新都建设上，根据当时朝廷的财力，也时修时停，直至 90 年之后，汉武帝在位时才修缮完毕。

1. 汉高祖兴建长乐、未央二宫

汉高祖五年（前 202）后九月，刘邦决定首先修复龙首原上的秦朝宫室——兴乐宫，并改名为长乐宫，以此为基础建立都城。当时，刘邦取用当地一个村落的名称，名为长安城，以期新兴王朝的长治久安。至汉高祖七年（前 200）二月，长乐宫建成，朝廷百官由栎阳迁入长安。从此，长安正式成为汉朝的国都。

汉高祖八年（前 199），刘邦又命萧何在长乐宫西侧兴建未央宫及相关官署。《史记》载："萧丞相营作未央宫，立东阙、北阙、前殿、武库、太仓。高祖还，见宫阙壮甚，怒，谓萧何曰：'天下匈匈苦战数岁，成败未可知，是何治宫室过度也？'萧何曰：'天下方未定，故可因遂就宫室。且夫天子以四海为家，非壮丽无以重威，且无令后世有以加也。'高祖乃说。"刘邦对于修建宫室的工作还是比较谨慎的，整个工程营建多年，负责工程的萧何由于修建的宫阙过于壮丽，还受到了刘邦的质问。这也从侧面说明，在此前修建的长乐宫肯定不是特别壮丽，否则长乐宫的工程负责人早就受到刘邦的批评了。长乐、未央二宫建成后，西汉王朝在此后很多年里都没有再大规模建设宫室、官署。

于是，未央、长乐二宫东西并立，成为西汉长安城中的两座主要宫室。西汉时期帝后的生活和政治活动，主要在这里进行。

2. 汉惠帝修筑长安城垣

汉高祖刘邦虽然建设了长乐、未央二宫，却一直没有给长安城兴建城垣。长安城的城垣为汉惠帝刘盈在位时兴修。

汉惠帝元年（前 194）正月，长安城垣正式开始兴建。数年间前后动工几次，直至汉惠帝五年（前 190）九月基本完工。长安城垣周回60里[1]左右，城高3丈5尺，四周各开3座城门，四面都有渠水或河水环绕。南面由东向西依次为覆盎门(杜门)、安门、西安门；西面由南向北依次为章门、直门、雍门；北面由西向东依次为横门、洛门、利门；东面由北向南依次为宣平门(东都门)、清明门、霸门。

由于西汉长安城是先建宫殿居宅，后围城垣，里面有建筑物的限制，外面西侧又有泬水限制，秦汉时的渭河河道也比现在要偏南许多，紧逼着汉长安城城区，在北侧也限制着城墙的修筑，所以汉长安城的城墙除东面平

[1] 里：这是指汉里，根据杨生民《中国里的长度演变考》，汉朝1里约为415.8米。下文同，不另出注。

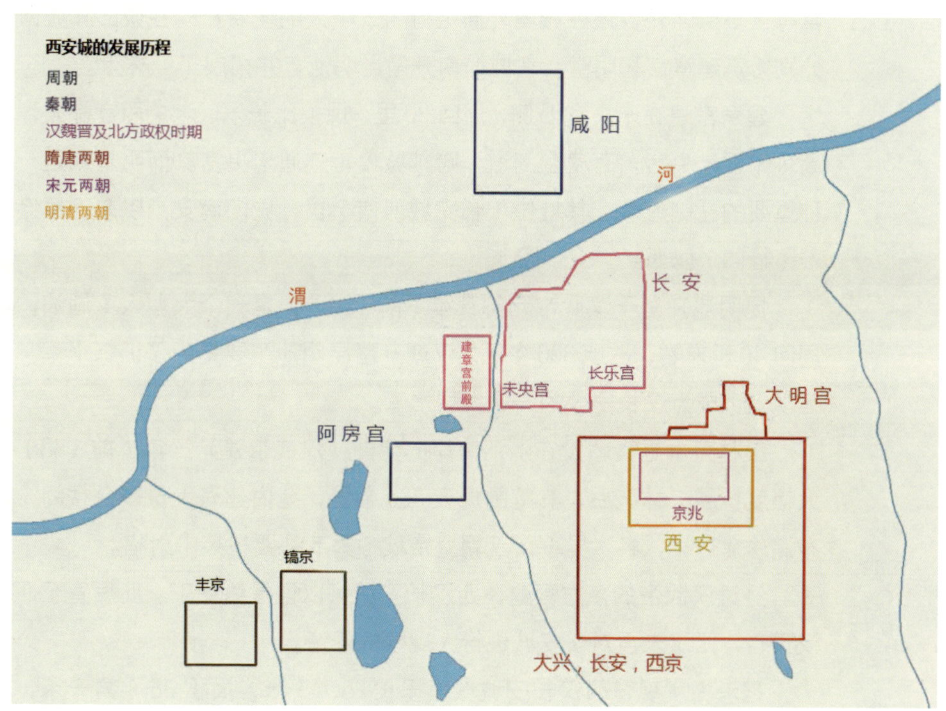

图1-4　西安城的发展历程，孙洁重绘

直以外，其他三面均凹凸曲折。当时城中宫殿所占的面积还不到一半，有相当大的一部分为民居。

汉武帝时大兴土木，在未央宫北面增修高祖时草创的北宫，并新建有桂宫、明光宫等宫殿群，占去城中大部分空间，普通居民的居住区域只剩下很小一部分。

3. 汉武帝新宫室的发展

西汉文景二帝继续执行轻徭薄赋、与民休息的国策，都未对长安城进行大规模的修缮。汉武帝登基后，西汉国力强盛，加上汉武帝本人好大喜功，喜营宫室。于是，汉武帝除在城垣以内修建北宫、桂宫、明光宫等宫殿群之外，还在城垣外面进行了三个大的发展，即在城西和城南分别修筑建章宫和明堂，在城西南开凿昆明池，并拓展了上林苑。

建章宫建在未央宫西侧，周回 30 里，规模比长乐、未央两宫都大，高可俯视未央宫，有凌空阁道，跨越城墙，连通未央宫。而明堂则是一种重要的礼制建筑，其址位于长安城西南 7 里，城门南安门以东，覆盎门（杜门）以西。

昆明池开凿于汉武帝元狩三年（前 120），是一个大型人工湖泊，周回 40 里左右，占地 300 多顷。汉朝开凿昆明池主要是为了训练水军，客观上也成为汉长安城的一座大型水库。

上林苑本是秦朝设在渭河南岸的苑囿，汉武帝建元三年（前 138）大幅度扩展上林苑后，其范围周袤 300 余里，苑内建有大量亭台楼阁，布满珍禽奇兽，名木异草，汉朝皇帝秋冬季节都要在苑中射猎。

经过汉武帝的多方营建，西汉长安城可以说最终完工。此后直至西汉灭亡，西汉未再对长安城进行大规模的修缮。

据考古发现，西汉长安城城垣周长 25.7 千米，面积 36 平方千米，成为西汉时期规模最大的一座城市。不过，西汉长安城虽然规模宏大，但皇室宫室、政府衙署占据了大部分的面积，留给一般百姓居住的地区相对狭窄。而《汉书·地理志》记载，元始二年（2），长安有“户八万八百，口二十四万六千二百”。学术界普遍认为，西汉长安城垣以内狭窄的地域无法容纳得下如此众多的人口，肯定有部分人居住在长安城城垣之外。

由上述情况来看，西汉长安城经过前后近 90 年的修缮，终于形成一座规模宏大的城市。不过我们仔细观察西汉长安城的城市形制，不难发现，西汉长安城的城内分布着众多的皇室宫室、政府衙署，而一般百姓的居住地则只做了大致的安排，可以说是散居在长安城内城外，居于次要地位。由此我们可以看出，西汉长安城更多的是一座宫城，按今天的话说，政治中心的功能是其核心功能，且居于特别突出的地位；其他诸如经济、文化等功能则摆在了相对次要的位置。那么关中地区的经济、文化等功能又是怎么消解的呢？这就需要对长安城周边分布众多的卫星城进行考察。

西汉时期的关中都市圈

西汉初年承袭秦制，设置内史来管理关中地区。后来，西汉逐渐将其辖区进行分析，名称也逐步调整，至汉武帝太初元年（前 104）逐渐定型，分为京兆尹、左冯翊、右扶风三辅辖区。三辅辖区基本与关中地区重合，是西汉时期的京畿地区。为了确保这一地区的安全与稳定，保证关中地区的重心位置，西汉政府在三辅地区实行了一系列的措施。

西汉建都关中后，解决中央政府与“山东”各异姓、同姓诸侯王之间的矛盾成为朝廷首先必须面对的问题。以强干弱枝为主要特色的“移民实关中”政策，成了西汉朝廷的不二选择。

“移民实关中”，最突出的表现就是诸陵邑的建立。诸陵邑是西汉皇室专门用以守卫、祭祀陵寝的独特建置，由位列九卿的太常兼职统辖。西汉前中期，每一位新皇帝登基，都要为自己修建陵寝。于是，从“山东地区”迁徙过来的大量豪族，也纷纷围绕皇帝陵寝建立陵邑，这样一来，逐渐以长安城为中心形成了多个卫星城邑。长安城北的上林苑，则由朝廷派水衡都尉专职管理。由此可见，上林苑是中央直属管辖的地区，不归三辅管辖，诸陵邑也与三辅没有行政上的隶属关系。

京兆尹、左冯翊、右扶风构成的三辅作为郡级行政单位也由中央控制管理，与普通地方行政体系没有太大差异。但三辅不属于十三刺史州部巡查，而属于司隶校尉巡查。这说明，西汉出于维护皇权的考虑，中央直接对距离都城最近的诸陵邑和上林苑进行严密控制；对作为京畿外围区的三辅各郡，朝廷也实行了特殊的行政管理政策，予以特别保护。

关中地区诸陵邑的人口总规模已无从考证，根据《汉书·地理志》的记载，高祖置的长陵有“户五万五十七，口十七万九千四百六十九”；武帝置的茂陵有“户六万一千八十七，口二十七万七千二百七十七”。由此可见，主要由“山东地区”移民构成的诸陵邑人口规模巨大。围绕汉武帝所置的茂陵形成的陵邑，其人口数居然超过了长安城。

相关研究显示，以长安城为中心的东西 200 千米、南北 100 千米的关中核心地区，密布着 39 座城邑，其密度接近当时全国城市分布密度最高的青州。可以说，西汉三辅地区形成了以长安为核心，以诸陵邑、上林苑为卫星城，以三辅各郊县为外围的关中都市圈。而关中地区的长安诸陵邑城市的行政级别、人口规模，比一般的县城要高。因此我们可以确信，它们分担了首都的经济、文化和军事上的一些功能，布局相对比较合理、稳定，是关中都市圈重要的组成部分。

不过，随着“移民实关中”，陵邑城市建设的不断深入，关中地区的人口大规模增长，引发了大量的问题，如移民造成风俗习惯的矛盾冲突、诸陵邑的不断建立导致关中地区土地资源紧张、生态环境遭到一定程度破坏。这些问题最终导致汉元帝采取果断措施，废置诸陵邑，将其纳入三辅管辖。这种改革措施实际上是降低了长安周边诸陵邑城市的行政地位，但其所引发的问题并未因此得到妥善解决。至晚到汉元帝时，汉朝前期实行的“移民实关中”政策停止。

总之，关中地区在西汉确实是建都的首选。选择建都在关中，是西汉能长治久安、繁荣昌盛的重要原因之一。种种原因，西汉长安城以政治功能为核心功能，其经济、文化甚至军事等功能的一部分由其周边卫星城邑来分担。尽管在长安城的营建和使用过程中出现了一些问题，但总体上来说，长安比洛阳更适宜作为西汉的都城，这一点是没有疑义的。

主要参考文献：[1] 周振鹤：《东西徘徊与南北往复——中国历史上五大都城定位的政治地理因素》，《华东师范大学学报（哲学社会科学版）》2009 年第 1 期。[2]（韩）崔在容：《西汉京畿制度的特征》，《历史研究》1996 年第 4 期。[3] 张焯：《西汉三辅建置考述》，《历史教学》1987 年第 6 期。[4] 喻曦：《西汉首都圈结构刍议》，《中国古都研究（总第二十五辑）》，三秦出版社 2013 年版。[5] 汤其领、陆德富：《关于西汉陵县制度研究的几个问题》，《徐州师范大学学报（哲学社会科学版）》2006 年第 6 期。

首善之地何在：北京建都的历史变迁

文 | 天津师范大学历史文化学院　丁晨

在今天的北京地区，目前所知最早在这里建都的，是西周燕国，都蓟。到辽金两朝，这里从北地重镇发展成为中国北方重要政治势力的陪都甚至首都。到元明清三朝，这里成为统一王朝的首都。中华民国军阀混战阶段，北京和南京交替成为政治中心。1949 年开始，这里再次成为稳定国家的首都。历朝历代特定的政治、军事形势以及执政者的决断，为北京成为全国首都提供了宝贵的历史机缘。上述时代都为现代北京留下了重要的遗迹或景观，结合这些历史现场，我们得以梳理北京的建都历史。

幽燕初为都

西周初年的燕国，其都城在哪里？过去史学界对此有过长期的争论。1962 年，考古工作者在北京房山区琉璃河乡发现了商周遗址，经过遗址遗存的分析判定，确定了此处为西周初年燕国的都城。从此，人们对燕国的统治范围和统治中心有了相对统一的认识。

今天北京一带在周初存在着两个重要的国家：燕和蓟。蓟国是今北京地区最早形成的国家之一，商朝立国。燕国是在周成王分封天下时，封召公的长子克于燕，从此与蓟做了邻居。经过几百年的发展，到春秋中期，在北京小平原上，燕国灭掉蓟国，以蓟为都，独领风骚。秦始皇灭燕国后，在燕地设渔阳郡、右北平郡、辽西郡及辽东郡等，其中渔阳郡和右北平郡都包含今天北京的部分区域。作为燕国都城的蓟及其附近的土地，在此时转而成为秦朝的一个县——蓟县。

燕国以蓟为都，主要受地理环境和社会经济条件的影响。侯仁之在研究北京城市形成的地理条件时指出："蓟城不仅在南北交通上占有枢纽地位，而且它的城址条件也有利于它的发展。应该指出，一个城市的兴起首先决定于社会经济的发展，但是城址与地理位置也是必要的客观条件。"具体来看，燕都蓟城所处的北京地区，东、西、北三面均被群山环绕，易守难攻。优越的地理形势使得古蓟城具有较好的天然屏障。此外，蓟城地处华北大平原北端，土壤肥沃，大大小小的河流为这里的农牧业发展提供了优良的条件。险要的地理形势，广阔的平原，便利的交通，发达的农牧业，成为燕国幅员范围之内都城的首选之地。

在此后较长的时间段内，北京一直作为地方政治势力的重要城市建

图 2-1　西周燕都遗址博物馆

设地，为一个地域的发展发挥着重要作用。这里作为在全国具有影响力的政治势力的政治中心而存在是从辽、金时期开始的。

辽朝的“南京”

在今北京西城区广安门外天宁寺内，有北京城区现存最古老的地上建筑——天宁寺塔。据梁思成考证，天宁寺塔建造于辽大康九年（1083）。经过悠悠近千年的岁月，它仍默默矗立，见证着时光的流逝。

辽天显元年（926）契丹人建立了自己的王朝——辽。后唐清泰三年（936），后唐河东节度使石敬瑭反唐自立。为求自保，石敬瑭投靠辽，与辽太宗耶律德光结为父子。后晋天福三年（938），石敬瑭按照辽朝的要求把幽云十六州割让给辽。石敬瑭割让幽云十六州，令辽的统治疆域大大扩展。辽新增拓的地区人口稠密，物产丰饶，平均经济水平和生产水平都高于此前的领地。为了更好地统治新增区域，辽将幽州立为陪都，这为幽州的兴起奠定了基础。“诏以皇都为上京，府曰临潢。升幽州为南京，南京为东京。”为保持政权的稳定，不让汉族人的活动影响契丹人，辽朝实行“分立、分治”政策，“以国制治契丹，以汉制待汉人”。辽朝三都的设立，适应了胡汉分治的政策。自幽州升为南京（又称燕京）后，这里成为辽朝最重要的陪都，古都北京进入了一个新的发展时期。

图 2-2　位于北京西城的辽朝天宁寺塔

辽朝在幽州城建立陪都的另一个原因，是要利用这里有利的地理形势，以此作为向南进攻华北大平原的据点。此外，作为“南京”的北京还是契丹重要的经济中心，史称“大抵西京多边防官，南京、中京多财富官”，说明作为“南京”的北京，是辽朝财政收入的重要来源。

金朝的首都

辽朝的南京，作为陪都的地位很重要，但它始终没有成为辽朝的首都。北京作为重要地方政权的首都出现在历史上，一般认为是从金中都开始的。

北京有句歇后语：“卢沟桥的狮子——数不清。”这卢沟桥，便是金朝营建中都时留下的重要历史遗存。

金大定二十九年（1189）金朝统治者开始兴建石桥，明昌三年（1192），石桥建成。卢沟桥共 11 孔，长 212.2 米，连桥堍共 265 米，为石砌连续圆拱桥，近岸孔跨越 16 米，跨度越往中心越大，中心孔跨度达 21.6 米。卢沟桥的桥面宽 8 米。两边的石栏杆望柱共 281 个，柱头上刻大小狮形，千姿百态，栩栩如生。

图 2–3　被称为“马可·波罗桥”的卢沟桥，绘于 1189 年至 1192 年

这是金朝在中都近郊建设的一项重要的建筑工程。

在北京城的历史上，辽南京和金中都的修建与使用，是专家普遍关注的重要历史阶段。在某种程度上，辽金两朝是北京从军事重镇走向全国政治中心的重要转折点。相比而言，金中都的意义更加重大。

金皇统九年（1149），海陵王完颜亮发动政变，杀死金熙宗，篡夺皇权。完颜亮篡位之后采取的重大举措之一，便是将都城从上京会宁迁至中都燕京。他派遣卢彦伦和画工到汴梁（宋东京），调查北宋宫室制度。天德三年（1151），海陵王颁发《议迁都燕京诏》，派遣张浩、梁汉臣等人规划设计，在燕京城的基础上扩建新都，动员民工 80 万，兵士 40 万，历时 3 年完成。

完颜亮迁都燕京有着深刻的政治、经济原因。原因之一是为了巩固对中原地区的统治。金皇统元年（1141）金熙宗在位时，宋金达成和约，金的统治区域扩大到淮水流域以北的广大地区。金国若继续以会宁为都城，较难控制黄淮地区，南下用兵也相对较远。国都南迁是摆在国土扩大后的金朝面前的一个重要议题。金熙宗还没来得及实行迁都就被完颜亮弑杀。完颜亮即位的次年，他就下诏向群臣征求迁都的意见和建议。内使梁汉臣向他进言：“燕京自古霸国，虎视中原，为万世之基。”正史记载，当时“内外臣僚上书者多谓上京僻在一隅，转槽（漕）艰而民不便，惟燕京乃天地之中，宜徙都燕以应之，与主意合”。

金朝迁都还有缓解统治集团内部斗争的需要。海陵王政变成功以后，为保住皇位，大肆诛杀企图谋反的皇室子孙和守旧势力。即便如此，海陵王仍然感到皇位受到威胁，于是想远离守旧势力强大的上京。金天德三年（1151），海陵王颁发《议迁都燕京诏》：“京师粤在一隅，而方疆广于万里。以北则民清而事简，以南则地远而事繁。深虑州府申陈，或至半年而往复；闾阎疾苦，何由期月而周知。供馈困于转输，使命苦于驿顿。”这时，海陵王已决意迁都。天德五年（1153），燕京都城营建完成，海陵王正式下诏迁都，以南京（今北京）为中都，改元贞元。之所以定名“中都”，是因为“燕京”不妥，“以燕乃列国之名，不当为京师号，遂改为中都”。改名金中都同时，析津府也改为大兴府。从此，中都成为金朝的政治中心。这是北京作为王朝首都的开端。城市规划布局上，金中都也起了承上启下的重要作用。

居中以受四方朝——汗八里城

在北京西城区阜成门内大街上有一座白塔为现存元朝最大伏钵式佛塔，是我国现存最早最大的喇嘛塔，它有如宝瓶降落大地，巍然不动，是保留至今的元朝重要建筑。该塔现存于明朝所建妙应寺内。妙应寺俗名白塔寺，显然与佛塔有关。元朝时，尼泊尔人阿尼哥首先主持修建了白塔，然后有了忽必烈以白塔为中心修建的大圣寿万安寺。大圣寿万安寺被毁后，明朝又建了妙应寺。因此，我们常说白塔寺先有塔后有寺。

图 2-4　妙应寺及其白塔

图 2-5 意大利图尔西多利亚宫殿所绘马可·波罗像

元至元十一年（1274），大都宫阙在北京建成。第二年，一位意大利青年马可·波罗跟随他的父亲和叔父来到了中国。当他在中国居住多年返回意大利威尼斯后，根据他的口述，一本《马可·波罗行纪》诞生了。在书中，马可·波罗用迷人的语言描绘了当时的元大都风貌："你们必须知道，那里有一个又大又繁华的古城叫作汗八里，在我们的话说起，就是'大汗之国'的意思。……城是如此的美丽，布置得如此巧妙，我们竟是不能描述它了。"当时大都盛况非凡，各国往来者络绎不绝，元人柯九思曾写道："万国贡珍罗玉陛，九宾传赞捧珠帘。大明殿前筵初秩，勋贵先陈祖训严。"

元大都是元朝统治者所建都城之一。从其发迹到壮大，再到灭亡，元朝统治者共建了四座都城。第一座是草原之都哈剌和林城（也作"哈拉和林城"，今蒙古国中部后杭爱省杭爱山南麓），第二座是开平府元上都（今内蒙古正蓝旗境内），第三座便是位于中原地区的元大都（今北京），第四座位于河北省张北县，称"中都"。

金朝末年，蒙古族兴起。金宣宗贞祐三年（1215），成吉思汗攻克金中都，改中都为燕京路。击败阿里不哥之后，元世祖于至元元年（1264）听从刘秉忠等人的建议，将燕京改称中都。至元四年（1267），元世祖在金中都旧城东北另建新城。至元八年（1271），元世祖改国号为大元，后改中都为大都。

早在忽必烈登上皇帝宝座之前，蒙古贵族巴图鲁就曾对忽必烈说："幽燕之地，龙蟠虎踞，形势雄伟。南控江淮，北连朔漠。且天子必居中以受四方朝觐，大王果欲经营天下，驻跸之所，非燕不可。"随着蒙古族所控制版图的空前扩大和统治重心的南移，迁都成为蒙古族统治者的现实选择。随着金、辽的不断营建，燕京变得越来越重要。从地理位置上看，燕京位于中原民族与北方少数民族的融合交界地带，有利于民族融合与民族包容。当然，这里也便于元朝统治者管理南北方广大地区。

迁都燕京，自然也有忽必烈的个人考量。燕京也是忽必烈的龙兴之地。忽必烈管理漠南汉地军政时，曾网罗了刘秉忠、张文谦、王恂、郝经等一批汉族知识分子，在中原一些元朝占领的地区采用汉族的统治办法，构建了比较稳定的统治秩序，这为他后来夺得汗位奠定了基础。蒙哥汗死后，忽必烈在开平称帝，取得大汗的权位。对忽必烈来说，迁都燕京不仅是因为在燕京更有统治力量和安全感，还因为这里更有利于对中原的统治。刘秉忠曾劝忽必烈，以马上取天下，不可以马上治天下。随着实力的增强和

图 2-6　蒙古人攻克金中都

图 2–7 从景山俯瞰北京城

地盘的扩大，原来都城的地理位置已不能适应形势的需要。元朝要想治理好整个国家，不得不考虑幅员广大的中原地区。

迁都燕京还是为了适应蒙古社会封建化的需要。以草原游牧经济为基础的蒙古政权，只有效法汉族的统治方法，才能符合社会的发展，巩固封建帝国的统治。蒙古族刚入主中原的时候，还不能马上适应中原的封建关系，随着他们对汉文化的逐渐吸收和融合，他们对首都的选择便提出了新的要求。

天子守国门要塞

站在北京城的景山之上俯视全城，金碧辉煌的紫禁城与繁华不眠的现代化新城尽收眼底。在 600 多年前的元朝，这里是一个小山丘，名“青山”。明朝时，据说曾将煤炭堆放于此，称“煤山”。明永乐年间，明成祖朱棣大兴土木，将大量的泥土堆积在山丘上，形成五座山峰，美其名曰“万岁山”。崇祯十七年（1644）明思宗自缢于此，明朝的统治结束。明太祖朱元璋在开国时，无论如何也想不到大明王朝会以这样的形式谢幕。清朝入关后，顺治帝取《诗经·商颂·殷武》“陟彼景山，松柏丸丸”之意，将其更名为景山。如今，这里作为景山公园，供人们休闲游览。景山，是明朝建都北京的重要历史遗存。

明朝都城的确立，有一个相对曲折的过程。元末，明军北伐成功，建都南京，改元大都为北平府。明太祖朱元璋虽然定都南京，但由于南京距离北方较远，不便于对付残元势力，且南京皇城所在地的风水不太好，朱元璋对都城一直不是很满意。在朱元璋晚年，他想起胡子祺曾提起的定都关中的建议，曾派太子朱标前往关中考察。太子归来，献上地图后便一病不起。第二年，太子病故，朱元璋也打消了迁都的计划。在《祭光禄寺灶神文》里，朱元璋说："朕经营天下数十年，事事按古有绪。唯宫城前昂后洼，形势不称。本欲迁都，今朕年老，精力已倦。又天下新定，不欲劳民。且废兴有数，只得听天。"朱元璋在迁都问题上纠结多年，抱憾离世。明太祖死后，其第四子、镇守北平府的燕王朱棣以"清君侧"为名，发起"靖难之役"。经过 4 年的战争，朱棣打败建文帝朱允炆取得政权，改年号为永乐。

明成祖朱棣即位后，在国都的选择上做出了对后世影响巨大的决定。他基于政治、经济、军事等多重原因，决定迁都北京。在永乐元年（1403），朱棣便下令将北平府改成北京，此为北京得名之始。随后，明朝着手营建北京城：永乐十五年（1417）开始大规模施工，永乐十八年（1420）完成，永乐十九年（1421）正月正式宣告天下，国都自南京迁至北京。明朝《杨文敏集》云："天下山川形势，雄伟壮丽，可为京都者，莫逾金陵。至若地势宽厚，关塞险固，总扼中原之夷旷者，又莫过燕蓟。虽云长安有崤函之固，洛邑为天下之中，要之帝王都会，为亿万年太平悠久之基，莫金陵、燕蓟若也。"

对统治者来说，国防安全是重要的考量标准。明成祖定都北京，在军事方面发挥着至关重要的作用。此前，明军虽然将元顺帝赶到燕山以北，但蒙古族在北方还拥有一定的势力。在明朝，蒙古族在北方活动，曾试图再次统治中原。南京偏于东南，防御元朝残余势力不免有些鞭长莫及。因此，明朝建国初年开始，便加强了北京一带的军事防御。明太祖晚年曾说："朕子燕王在北平。北平，中国之门户。"长期驻守明朝边疆的永乐帝非常清醒地认识到防御北方的重要性。凭过人的胆识与魄力，永乐帝迁都北京，以国都当敌，天子守国门。

当然，迁都北京也有政治地理的考虑，统治者更愿意选择其势力所在的地方或距离其势力所在地区较近的地方建立都城。永乐帝"逆取皇位"，但南京不是他的势力范围，他就像是一个贸然闯入的"劫匪"，既没有武装势力的支持，也缺少足够数量的官僚拥护，过得战战兢兢。北方则不然，北方是永乐帝的势力范围，他在登基之前长期驻扎北平，已经为保卫明朝东北边疆或征讨蒙古人而在北方经营多年。正因为如此，永乐帝果断地选择了明朝都城的北迁。

威严紫禁城

清世祖顺治元年（1644）五月，清摄政王多尔衮在明朝降臣吴三桂的帮助下，率领清军占领了明朝首都北京。第二天，清朝在原来明朝兵部发布口谕："今本朝定鼎燕京，天下罹难军民，皆吾赤子。"一个月后，清朝自盛京（今沈阳）迁都燕京（今北京）一事被提上了议事日程。

图 2–8　绘于 17 世纪的多尔衮像

清朝迁都北京阻力重重。以英亲王阿济格为代表的守旧派贵族指出：过去我们初得辽东时（指辽阳），"不行杀戮，故清人多为辽民所杀”。因此建议：“今宜乘此兵威，大肆屠戮，留置诸王，以镇燕都。”守旧派贵族希望仅仅把北京作为防御重镇，抵御南方明军的进攻，确保清朝辽东家园的安宁。

多尔衮分析了当时的形势，奏请顺治帝：“臣再三思维，燕京势踞形胜，乃自古兴王之地，有明建都之所。今既蒙天畀，皇上迁都于此，以定天下。则宅中图治，宇内朝宗，无不通达。可以慰天下仰望之心，可以赐四方和恒之福。伏祈皇上熟虑俯纳焉。”与此同时，多尔衮以先皇遗言驳斥拒绝迁都的反对者道：“先帝尝言，若得北京，当即徙都，以图进取。况今人心未定，不可弃而东还。”针对旗人首领们为了返回故土而宣扬的“将在北京大肆屠杀掠夺之后返回东北”这种谣言，多尔衮张贴告示晓谕民众：“我朝剿寇定乱，建都燕京，深念民为邦本，凡可以计安民生者，无不与大小诸臣实心举行……我国家不恃兵力，惟务德化，统驭万方。自今伊始，燕京乃定鼎之地，何故不建都于此，而又欲东移？”经过多尔衮的多方努力，清朝终于下定决心定都北京。

图 2–9　故宫博物院藏《清世祖顺治皇帝朝服像》

顺治元年（1644）十月初一，顺治帝登临皇极门（今太和门）行祭告大礼，并诏谕天下：“今年十月初一日，祗告天地、宗庙、社稷，即皇帝位，仍建有天下之号曰大清，定鼎燕京，纪元顺治。”

清朝定都北京主要是出于三个方面的原因。第一，从历史条件来看，北京是自古兴王之地。随着时间的推移，北京的地位不断攀升。

在国家统一中，北京占有举足轻重的地位，位于北方草原上的民族政权若得到北京，便打开了通往中原的门户，具备了统治中原的基本条件。第二，北京交通条件优越，“宇内朝宗，无不通达”。第三，文化氛围和民族认同感较强，北京一直是中国南北文化的交汇之处，容易让不同的民族接受。

总体来看，北京之所以能够成为中华大地上封建王朝的首都，有其必然因素。北京位于农牧交错带上，一直是汉族与北方少数民族文化融合的枢纽，辽、金两朝在此定都对这一文化的融合起到了更大的促进作用。对于那些兴起于北方游牧、渔猎地区的政权来说，北京紧靠发源地，在统治阶层的心理上能够产生较强的安全感；从扩张的角度来看，政治中心的南移，有利于他们实现对全国的统治。至于明朝，燕王朱棣在夺取皇位以前长期驻扎北京，对这里有很强的归属感；元朝政权在全国的统治虽被推翻，但蒙古势力的威胁仍然存在，定都北京也可取得军事上一定程度的主动。

由于长期作为首都所积累的深厚文化底蕴，北京在当代仍旧在历史文化延续上具有特殊的地位。将我国辽阔的陆地与海域统一考察，北京在地理位置上仍旧居于国家的中心，具有通达四方的区位优势。北京四通八达的便利交通，更是其他地区难以超越的优势。作为首都，北京在今天依然具备很大的优势，仍然是中国的首善之地。

主要参考文献：[1] 辛向阳、倪健中：《首都中国：迁都与中国历史大动脉的流向》，中国社会出版社 2008 年版。[2] 陈桥驿：《中国七大古都》，中国青年出版社 2005 年版。[3] 张展、张岩：《论北京从军事重镇上升为全国首都的背景——兼述北京建都的条件》，载中国古都学会主编：《中国古都研究（第十九辑）——中国古都学会 2002 年年会暨长江上游城市文明起源学术研讨会论文集》，四川大学出版社 2004 年版。[4] 赵永复：《煌煌古都——通都大邑的历史沿革》，长春出版社 2008 年版。[5] 刘宁：《首都区位选择影响因素研究》，硕士学位论文，天津师范大学地理系，2006 年。

从长安到北京：中国都城迁移的时空特征

文 | 天津师范大学历史文化学院　王砚

在中国历史上，每个新生的政权都要根据本政权的政治追求与社会现实，寻找最合适的区域建立都城。那么，古人选择都城有什么具体的标准呢？制定这些标准的依据都是什么？这些成为都城的城市，在历史上又呈现出怎样的规律？

回答这些问题，我们首先需要知道在中国历史上，都有哪些城市曾被定为都城。

根据史念海《中国古都概说》的统计，中国有史以来已知的、大大小小的都城有200多座。在陈桥驿主编的《中国六大古都》中指出，黄河流域的长安、洛阳、开封与大运河流域的北京、南京、杭州这六处是中国古代都城中的翘楚。换句话来说，在都城从长安迁移到北京的过程中，洛阳、开封、杭州和南京等城市作为都城，是值得关注的重点。

概言之，这一过程起自长安、落脚北京、东西相连、南北横亘，其路线仿佛一个“大十字”，这就是中国主要都城迁移的路线。

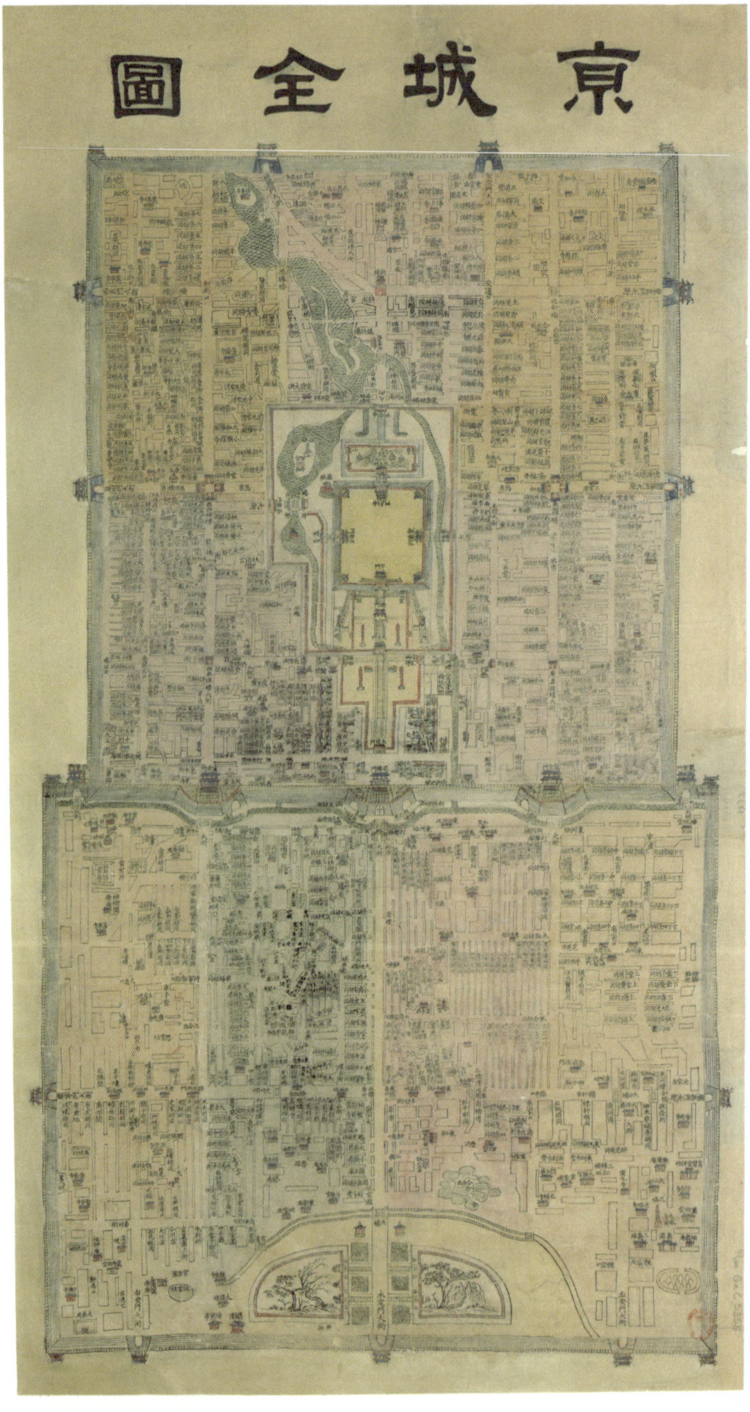

图 3-1 清嘉庆时期的京城全图

汉唐遗风：长安与洛阳

长安与洛阳，是中国早期都城中的双子星。《吕氏春秋·慎势》称："古之王者，择天下之中而立国，择国之中而立宫，择宫之中而立庙。"周武王伐纣灭商之后，营建都城于镐京，关中渭河平原遂号为"宗周"，取"周王居之，诸侯宗之"的寓意。关中，西起宝鸡，东至黄河，南靠秦岭，北有群山，八百里秦川沃土自有渭河浇灌，号为"四塞之国"。《史记·货殖列传》称："夫三河在天下之中，若鼎足，王者所更居也。"洛邑则是"天下之中，四方入贡道里均"，在西周时期，洛邑就作为陪都，东周时期正式成为首都。以洛邑为中心的河洛平原更是被称为"成周"，"周道始成而王所都也"。河洛，其四极有群山（周山、邙山、景山和龙门山），中有洛水贯之，更是"山河拱戴，形势甲于天下"。

周显王十九年（前 350），"秦商鞅筑冀阙宫廷于咸阳"，地处山南水北，因"山水俱有"而得名，又因其"四方辐辏，并至而会"，居关中南北、东西水陆交通的要冲而具有关中枢纽地位，至秦始皇扫平六国，仍都咸阳。西汉刘邦建立汉朝后，考虑到关中"沃野千里""天府之国"的区位地理优势，认为其依然是建都的首选之地，而咸阳遭战火焚毁，重建不易，所以决定定都长安。大汉天子经文景至武帝，遣卫青、霍去病多次北击匈奴，加之张骞凿通西域，丝绸之路自长安起。由此，长安成为举世闻名的大都市，天下共主的栖息地，经济政治文化一时无两。

王莽始建国四年（12），洛阳被确定为新室东都。新莽政权迅速崩溃后，刘秀占领洛阳。《后汉书·光武本纪》称："（建武元年）冬十月癸丑，车驾入洛阳，幸南宫却非殿，遂定都焉。"洛阳正式成为东汉首都。

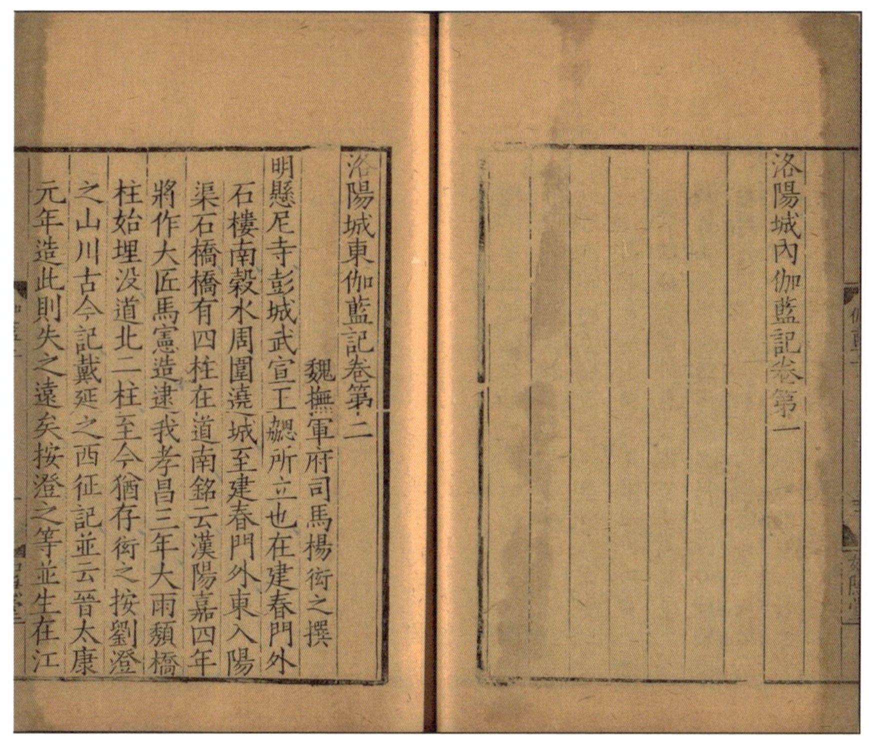

洛陽城內伽藍記卷第一

洛陽城東伽藍記卷第二

魏撫軍府司馬楊衒之撰

明懸尼寺彭城武宣王勰所立也在建春門外石樓南穀水周圍遶城至建春門外東入陽渠石橋橋有四柱在道南銘云漢陽嘉四年將作大匠馬憲造逮我孝昌三年大雨頹橋柱始埋没道北二柱至今猶存衒之按劉澄之山川古今記戴延之西征記並云晉太康元年造此則失之遠矣按澄之等並生在江

图 3-2 《洛阳伽蓝记》书影

东汉末年，洛阳和长安相继遭战火焚毁，曹魏建立以后，重建洛阳城。随着商业的复兴，洛阳又成了“其民四方杂处，多豪门大族，商贾胡貌，天下四方会利之所聚”的繁华都市。魏晋南北朝，群雄相继逐鹿中原，以长安或洛阳为都者，都认为自己继承了大汉正统。然而历经战争的蹂躏，长安和洛阳终究还是衰败了。北朝杨衒之经过洛阳，望见残垣断壁，不禁悲从中来，作《洛阳伽蓝记》以怀念故都：“余因行役，重览洛阳，城郭崩毁，宫室倾覆，寺观灰烬，庙塔丘墟。……麦秀之感，非独殷墟；黍离之悲，信哉周室！京城表里凡有一千余寺。今日寥廓，钟声罕闻。”今日可见的残本从佛寺与人物故实这一个侧面镌刻着洛阳的兴衰。

开皇二年（582），隋文帝杨坚下建都诏，认为长安“此城从汉，凋残日久，屡为战场，旧经丧乱”，而长安东南的龙首原“山川秀丽，卉物滋阜，卜食相土，宜建都邑”。于是在龙首原兴建隋都，称大兴城。此时，面对硕大的王朝版图，关中长安多少显得有些狭小，南北往来的财赋与粮食运抵长安，需要逆行黄河三门峡，“三门常有波浪，每日不能进一二百船，触一暗石即船碎如末，流入旋涡中更不复见”，所需费用数以百万计，空耗民力。于是隋炀帝开始营建东都，并以之为中心开凿大运河沟通南北，东都洛阳的地位随之大大提升。

李渊接受隋恭帝的禅让，建立唐朝，王公大臣多为关陇贵族，因此仍以长安为都。历经“贞观之治”与“开元盛世”，唐朝疆域“东极于海，西至焉耆，南至林邑，北极大漠，皆为州县”。起于长安、绵延万里的丝绸之路重新焕发活力与生机，西域龟兹乐、胡饼等传入长安，当时在长安居住有大量胡人，比如粟特人、回鹘人等。尽管如此，大唐长安的颓势日复一日，高宗以后的唐皇时常就食东都，武则天以周代唐期间，甚至建都洛阳，号为神都。

总体来看，唐朝以前的中国历朝历代，以关中长安为建都首选；洛阳次之，多为陪都。之所以选择黄河中下游的关中平原与河洛盆地定都，是因为此二地同属于三河地区，位居“天下之中”。对比来看，位于三河西部的关中平原四周形势更为险胜，位于三河东部的河洛盆地交通更为便捷。关于关中，张良说：“夫关中左崤函，右陇蜀，沃野千里，南有巴蜀之饶，北有胡苑之利，阻三面而守，独以一面东制诸侯。……此所谓金城千里，天府之国也。”依据其言，我们不难知道，建都关中，东有崤山、函谷关阻来犯之敌，西据陇右而望河西，向南括有巴蜀无尽的财赋，向北有草原可以牧马，这是其天然优势。而河洛，左思写道：“崤函有帝皇之宅，河洛为王者之里。”洛阳因其平原狭小，四周屏障

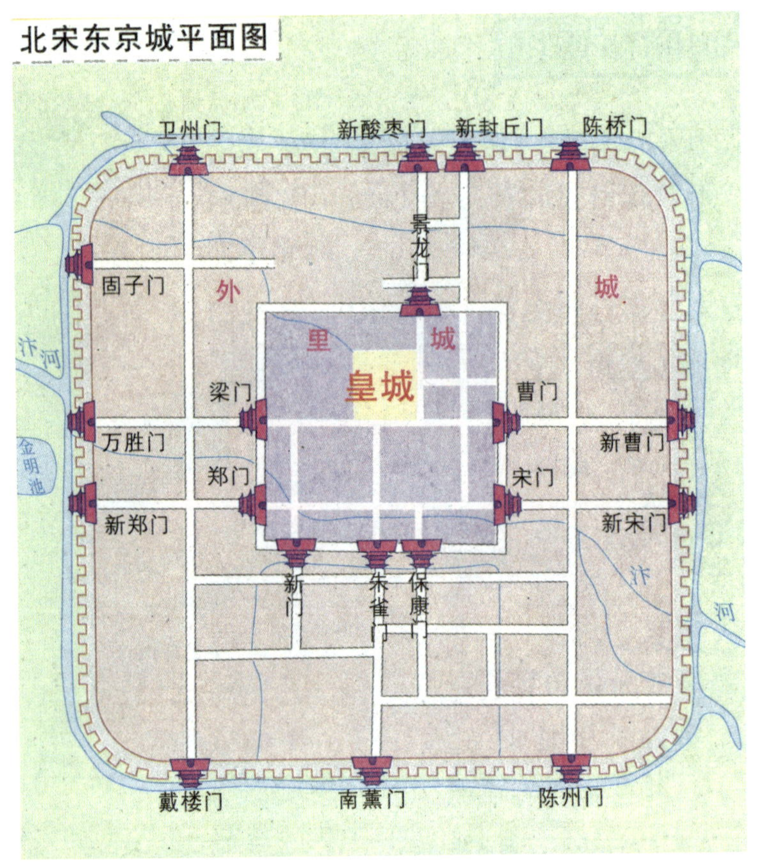

图 3-3　北宋东京城平面图

相对较弱，较之关中在地理形势上稍逊一筹，而在交通运输的便利程度方面优势突出。

西晋永嘉之乱后，豪门大族衣冠南渡，江南得以迅速开发。相较之下，黄河流域的经济优势不再突出。从整个疆域来看，长安与洛阳二都相对偏西，加之频繁的战争和大量的人口流失，二都的区位优势逐渐丧失。杜甫在《秋兴》中说“回首可怜歌舞池，秦中自古帝王州”，北宋司马光也曾感叹“若问古今兴废事，请君只看洛阳城”。为了稳固江山，也为便捷地汲取江南的营养，中唐以后都城逐渐东移。自此之后，长安和洛阳再难为都。

两宋赞歌：开封与杭州

北宋开封府与南宋临安府是中国都城的转折点。开封是一座因水而兴，又因水而败的城市。战国时魏国开辟鸿沟，水运交通、农田灌溉更加便捷，助魏登临强国之列。秦嬴政二十二年（前 225），“王贲伐魏，引河沟以灌大梁，三月，城坏”。北方水城开封就此沉寂。唐末朱全忠篡唐自立，建都开封，开启了开封作为都城的崭新时代。五代几朝除后唐外，均建都开封。随后而立的北宋王朝将其设为东京开封府。

开封有多条河流穿城而过，广济渠、金水河、汴河等直达山东与江南各地，有财赋汇聚之便。《宋史·河渠志》记载汴河“漕引江湖，利尽南海，半天下之财赋，并山泽之百货，悉由此路而进”。在汽车、火

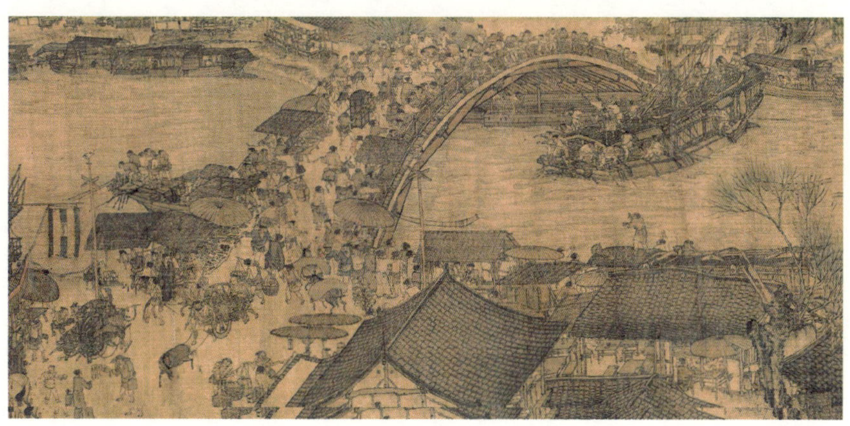

图 3-4　北宋张择端绘《清明上河图》（局部）

车等现代交通工具出现以前，内陆运输以畜力拉车和河运为主，后者的运载量远超前者。开封地处运河与黄河的交叉点，中唐以来“舟车辐辏，人庶浩繁”，汇聚各地财赋与特产，成为闻名的魅力大都会。北宋张择端《清明上河图》详细地描绘了东京开封府的市井生活。

尽管开封在交通上有明显优势，但据史书记载，北宋朝廷屡屡议及迁都洛阳之事。太祖赵匡胤有迁都洛阳之意，毕竟“建邦设都，皆凭险阻。山川者，天之险也；城池者，人之阻也：城池必以山川为固”。开封四周平坦无险可据，地势低平，易患水灾，更有“悬河”之称的黄河对开封形成终日威胁。范仲淹认为：“太平则居东京通济之地，以便天下；急难则居西洛险固之宅，以守中原。”可是，北宋迁都终不成行。

靖康之难后，宋朝在杭州重整旗鼓，称杭州为“临安”，取临时安定之意。杭州是一座富丽堂皇、享受奢华的风景城市，北宋时就是“东南形胜，三吴都会”。坐落于美丽的西子湖畔，伴之以钱塘大潮，“邑屋之繁会，江山之雕丽，实江南之胜概也”。欧阳修认为：“四方之所聚，百货之所交，物盛人众，为一都会，而又兼有山水之美，以资富贵

图 3-5　清董邦达绘《西湖十景图卷》（局部）

之娱者，惟金陵、钱塘然。”

当时南宋为何不选择定都金陵呢？金陵与杭州，虽然都是曾建都的城市，且前者为六朝古都，山川形势更为有利，但此时长江以北皆为金军所据，金陵成为南宋当敌的前线，而杭州相对而言地处后方，水网密布，江河湖泊交错，比较安全。实际上，杭州偏居东南，地理形势并不突出。凭借着京杭大运河南方起点的优势，连接着杭嘉湖平原与宁绍平原两大“鱼米之乡”，杭州能维持南宋半壁江山，苟安一世富贵。

作为宋朝危亡之际的仓促选择，杭州成为都城也有深刻的历史原因。前人论及长安、洛阳、开封时，认为：“大抵长安便于守，洛阳便于归，大梁便于战，三京利害各有一偏，故前王因其便利而都之也。”这是从这几处各自能够成为都城的优势而进行的分析。从都城的迁移角度来看，早期长安与洛阳相继为都，后来都城东移开封，再后来突然南下至杭州，与中国经济与文化中心的不断转移有一定的关系。中唐以前，经济与文化中心在黄河流域，建都于此，优势不言而喻，长安、洛阳与开封实际上是黄河线上的三座城市。然而，长期以来的北人南渡和江南地域开发，导致南方经济终于压倒北方，加之北方少数民族不断向南迫近，旧都的军事防御任务日益严重，最终使黄河流域的城市在宋朝逐渐失去了作为都城的优势。宋朝都城由开封到杭州之后，都城的选择就进入了一个新的阶段，有学者称之为“南北往复时期”或“运河时代”。

跨越千年：北京与南京

宋朝以后，中国的都城主要在北京与南京之间往复，相较而言，北京比重更大、地位更高。而与长安和洛阳同属三河、京畿相连不同，“天下财赋出于东南，而金陵为其会；戎马盛于西北，而金台为其枢”，文中的金陵指代南京，金台指代北京，两京相距甚远，各具优势。

北京是燕国的国都（当时称蓟），辽时为陪都（当时称燕京），金时正式建都，称中都。此后，蒙古族以史无前例的疆域为基础，建都北京（当时称大都）。南京是三国时期东吴的都城（当时称建业），此后南朝宋、齐、梁、陈及南唐均建都于此。南京和北京因各自的优势，在中国古代都城史上占据着重要地位。

随着形势的变化，南京和北京在历史上呈现出交替作为都城的局面。明初朱元璋曾定都南京，到明成祖朱棣称帝后又迁都北京。清军入关，沿用北京作为首都。清帝逊位，北洋政府继续以北京为都，直到 1927 年南京才又一次取代北京。1949 年，中华人民共和国成立，再一次确定了北京的首都地位。

图 3-6　1928 年 1 月 1 日，国民政府在南京举行阅兵仪式，庆祝元旦及建国时合影（局部），前排左起分别为蒋介石、谭延闿、胡汉民、林森、戴季陶、赵戴文

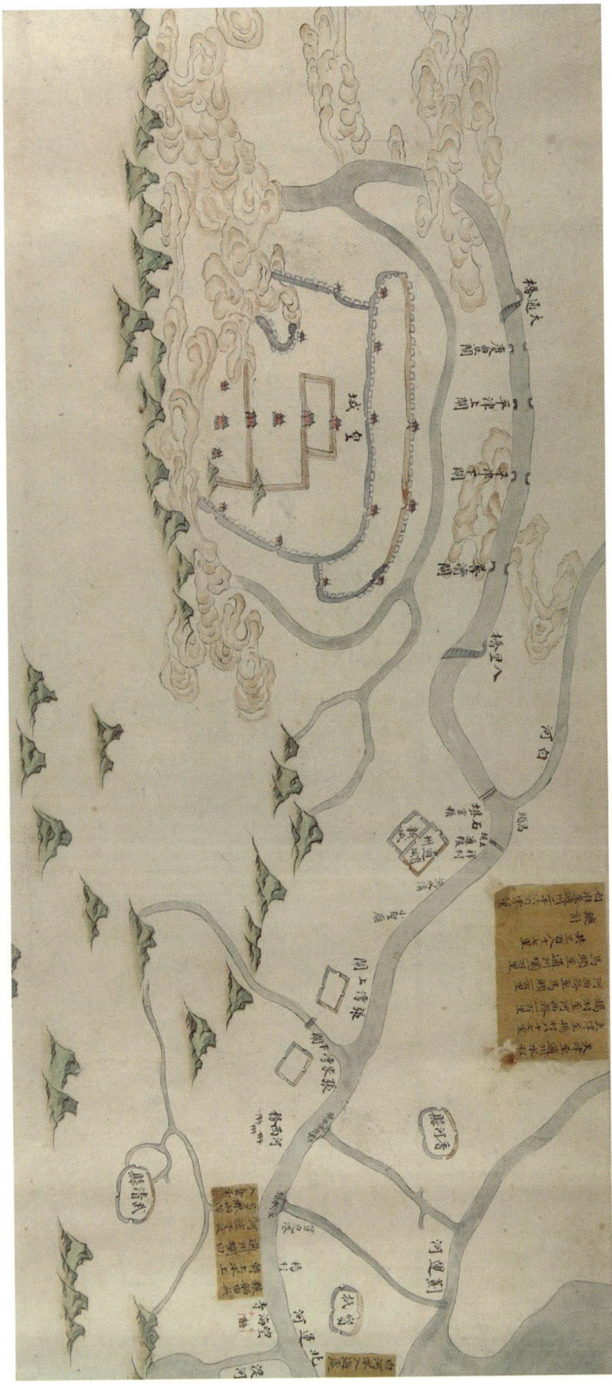

图3-7 清《自江阴沿大运河至北京故宫水道彩色图》所绘京杭大运河终点站

南京和北京相继为都，跨越千年，这与北京和南京两地的优势有关。

华北大平原北部，由于自西南顺时针至东北方向的太行山和燕山的环绕，加上东面渤海的阻隔，自然形成了一片相对独立的区域——北京小平原，这片平原孕育了千年以来中国最重要的城市——北京。《辍耕录》说北京“右拥太行，左注沧海，抚中原，正南面，枕居庸，奠朔方”。对于早期中原政权如唐朝而言，这里是河北重镇，是边疆防御的重要区域，将国家最高权力中心首都建于此，风险颇高。宋朝以后，北京的政治地位不断提高，最终成为金朝首都，这与中华民族的不断交融汇合有关。建都北京的辽、金、元、清等政权中，辽、金实现了中国北方的局部统一，元、清实现了中国更大疆域范围的统一。

处于南下北上的关口，占据北京，统治者进可争锋天下，退可存留有生力量。从西北出南口，北京可直通蒙古高原；从东北出古北口，北京可直达松辽平原；向东沿燕山南路直达海滨，北京可出山海关直下辽河平原。漕运和海运帮助北京汇聚天下财赋，梁启超认为北京“其转折之机，皆在于运河……尔后运河虽淤涸，而燕京之势力不衰者，一由积之既久，取精用宏，与千年前之镐、洛相等；一由海道既通，易运河以海运，而燕、齐、吴、浙、闽、越一气相属，燕乃建高瓴而注之也。”京杭大运河的北方终点是北京，漕运便利，江南海船沿海北上，至山东半岛转漕运，或者直达天津，借海河通向北京。值得一提的是，元朝的岭北行省和辽阳行省所据有的土地直达北冰洋，清朝同样占有漠北高原和东北，若是由此来看，北京在元、清两朝幅员广大的国土之中，堪称“天下之中”了。

南京地处长江中下游平原，偏居东南，北临长江，但在杭州西北，相比之下更靠近中原地区。就形胜而言，“集庆（今南京）城池，右环大江，左枕崇冈，三面据水，以山为郭，以江为池，地势险阻”。陶安认为：

“金陵古帝王之都，龙蟠虎踞，限以长江之险，若取而有之，据其形胜，以临四方，则何向不克！”在历史上，有多达10个政权曾在此建都。顾祖禹在论及南京时，开篇就说：“以东南之形势而能与天下相权衡者，南直而已。”南直就是指以南京为中心的大片区域。明朝时全国为两京十三省，两京即北京和南京，当时称为北直与南直。这说明，即使在明成祖朱棣永乐十九年（1421）迁都北京之后，南京在朝廷里仍占有重要地位。

图3-8 清姚文翰所绘绢本明成祖像

明成祖迁都北京影响深远，对明朝而言，这是将国都由大后方迁往了边境防御前线，打破了原有的军事防御体系。顾祖禹说：“以万乘之尊，而自临于危险之地，未为长策也。”将首都立于边境，一旦有变，国家根基可能动摇，明中期于谦进行的北京保卫战就是明例。多数人认为，迁都北京是朱棣为了实现“控四夷以制天下”的宏伟战略。《读史方舆纪要》在叙述北直隶时称：“太宗（朱棣）初就封于燕，当是时，蒙古之余裔犹炽，习见燕都之宫阙朝市，不无窥伺之情。太宗靖难之勋既集，切切焉为北顾之虑，建行都于燕，因而整戈秣马，四征弗庭，亦势所不得已也。”事实上，朱棣决定迁都北京，还有一个因素：北京是他的龙兴之地，政治根基较好。

1912年，随着清帝逊位，中华民国开始探索新的政权组织形式。在相当长的一段时间里，中华民国名义上统一，权力纷争较为突出，南京与北京常常交替成为政府的驻地、国家的首都。这种情况直到1949年北京被正式确定为中华人民共和国的首都才告一段落。

余论

从长安到北京，这是中国都城迁移的整体方向。细致来看，这一迁移可分为两个时期：黄河时期与运河时期。其中，黄河时期包括长安、洛阳与开封，运河时期包括北京、南京与杭州。黄河时期，黄河流域的自然条件优越、农业生产力水平高、经济发达，黄河沿线处于国家经济重心位置，也是建立政权都城的首选之地。西周以后，直到北宋，位于中原的政权选择都城首先考虑的就是长安、洛阳与开封，此时的经济中心与政治中心是重合的。到了运河时期，随着江南的经济大开发，南方的经济实力逐渐超过北方，南宋开始，政权的都城选项主要包括北京、南京和杭州，运河沟通了这三座城市，此时的经济中心与政治中心逐渐呈现分离趋势。值得注意的是，宋朝都城从开封到杭州的转变，是我国都城从黄河时期到运河时期的转折点。

选择都城要考虑多方面的因素，但根据上文，我们不难看到，作为国家首都的重要方面是经济与政治。在都城的确定上，中国古代有一套依循标准。首先必须具有占卜优势。古人敬天尊地，选择的都城必须顺应天命，蕴含王者之气。其次是地形优势，都城要求周围有一定的平原发展农业，以供应城市百姓的基本生活，风景要优美或壮观，配得上一国之都的地位。再次是交通优势，这样可以确保都城能便捷通达四方，利于政令的传递与经济往来。最后是军事防御优势，四周必须有山水环绕，便于防守，否则只能大量驻军以保平安。

现实情况是，没有哪座城市能做到各方面条件都臻于完美，所以选都时常会有所妥协。在都城的建设和使用过程中，往往会面临许多问题。在这些问题发生时，国家会采取一些方式与方法来解决问题。在中国古代，都城在中后期多数面临严重的人口过剩问题以及人口剧增而导致的环境污染、资源缺乏、治安混乱等问题。中国都城已经走过了几千年的发展史，对古人在都城的选择和管理上的经验进行梳理，或许能找到一些可供现代都城建设参考借鉴的经验。

主要参考文献：[1] 吴松弟：《中国古代都城》，商务印书馆 1998 年版。[2] 侯甬坚：《中国古都选址的基本原则》，《中国古都研究（第四辑）》，浙江人民出版社 1989 年版。[3] 庞德谦：《试论我国古都变迁的地理轨迹及其规律》，《宝鸡师院学报（哲学社会科学版）》1991 年第 1 期。[4] 周振鹤：《东西徘徊与南北往复——中国历史上五大都城定位的政治地理因素》，《华东师范大学学报（哲学社会科学版）》2009 年第 1 期。[5] 辛向阳、倪建忠：《首都中国：迁都与中国大历史大动脉的流向》，中国国际广播出版社 1997 年版。[6] 史念海：《中国古都与文化》，中华书局 1996 年版。[7] 田春涛：《大古都》，中国青年出版社 2012 年版。[8] 王明德：《从黄河时代到运河时代：中国古都变迁研究》，巴蜀书社 2008 年版。[9] 侯仁之、金涛：《北京史话》，上海人民出版社 1980 年版。[10] 梁启超：《中国地理大势论》，《中国现代学术经典·梁启超卷》，河北教育出版社 1996 年版。[11] 司马迁：《史记》，中华书局 1982 年版。[12] 司马光：《资治通鉴》，中华书局 2011 年版。[13] 顾祖禹：《读史方舆纪要》，中华书局 2005 年版。[14] 顾炎武：《历代宅京记》，中华书局 1984 年版。

丝路故事·贸易、婚姻与战争

早期丝绸贸易的名人
——乌氏倮

文｜南京师范大学历史系　晋文

中原与西域各民族友好往来的历史源远流长。在双方贸易往来中，早期丝绸之路的雏形逐步形成。而地处关陇要道的乌氏地区构成了其中的重要一环。本文所记述的早期丝绸贸易的著名商人乌氏倮便来自这一地区。

乌氏倮与“戎王”的丝绸贸易

乌氏倮是秦朝乌氏族人，大约生活在战国末年和秦始皇时期。据《史记·货殖列传》记载：“乌氏倮畜牧，及众，斥卖，求奇缯物，间献遗戎王。戎王什倍其偿，与之畜，畜至用谷量马牛。秦始皇帝令倮比封君，以时与列臣朝请。”乌氏倮的主要贸易方式是：以内地珍贵的丝织品与关外戎王贸易，为秦朝换取大量的马牛物资。这是正史中所见内地与边疆进行丝绸贸易的最早记载。尽管由于史料很少，目前还无法弄清与乌氏倮贸易的“戎王”的确切方位，也无法完全弄清“戎王”是哪个部族，但根据《史记》中的这段记载至少确定以下几点：

第一，这位神秘的戎王肯定不在秦的疆域之内，且不能直接买到丝绸，否则没有必要通过乌氏倮来转手买卖丝绸。

第二，这位戎王是一个很大的游牧部落的酋长或首领，否则也不可能有那么多的马牛。

第三，这位戎王深知丝绸的珍贵。在乌氏倮和其他人看来，双方的贸易乌氏倮占了极大便宜，但在戎王及其族人看来，实际却是丝绸求之不得，因此认为自己才占了更大便宜。

第四，乌氏倮与戎王的丝绸贸易量很大。从“戎王什倍其偿，与之畜，畜至用谷量马牛”看，尽管丝绸的实际价值仅相当于所贸易马牛的十分之一，但由于马牛的数量极多——“畜至用谷量马牛”，因而这批丝绸的数量仍相当可观。它不仅说明乌氏倮有着一个精明的贸易团队，表面上通过大量变卖马牛来采购内地珍贵的丝织品，实际上是披着民间外衣的政府行为，也说明戎王换取丝绸并非仅仅为了消费，他的主要目的还是要把丝绸卖给价格更高地区的人们。早期丝绸之路的形成与延伸就是在这样的贸易接力下产生的。

图 4－1 《中国历史地图集》，国史摄

第五，根据谭其骧先生的《中国历史地图集》可知，秦的西部边境距乌氏县不远。而过了边境，再往西走，就是历史上的一个著名游牧民族——大月氏。如《史记·大宛列传》注引《正义》曰：“凉、甘、肃、瓜、沙等州，本月氏国之地。”故以上分析若没有太大误差，我们便可以推断：和乌氏倮进行丝绸贸易的戎王，即使

图 4-2　大月氏王庭遗址

不是大月氏的一位酋长或首领，也应该是和大月氏进行丝绸贸易的某个游牧部落的酋长或首领。

乌氏县所在地的质疑与修正

乌氏是春秋时期西北地区的戎族之一，秦惠王时始设乌氏县。《史记·匈奴列传》称："秦穆公得由余，西戎八国服于秦，故自陇以西有绵诸、绲戎、翟、貆之戎，岐、梁山、泾、漆以北，有义渠、大荔、乌氏、朐衍之戎……各分散居溪谷，自有君长，往往而聚者百有余戎，然莫能相一。"《正义》引《括地志》云："乌氏故城在泾州安定县东三十里。周之故地，后入戎，秦惠王取之，置乌氏县也。"秦昭襄王时设北地郡，乌氏县隶属之。西汉元鼎三年（前 114），武帝分割北地郡，设置安定郡，下辖 21 县，乌氏亦为其中之一。

学界对秦汉时期乌氏县地望的探讨，主要依据《汉书·地理志下》有关乌氏县地理特征的记录："乌氏，乌水出西，北入河。都卢山在西。莽曰乌亭。"乌水在今宁夏清水河流域。清人陈澧《汉书地理志水道图说》言："今甘肃固原州清水河出州南境，北流入河。乌氏古城在平凉县西北，与固原州接界，其地唯清水河北流入河，故知为乌水也。"杨守敬《水经注疏》则认为：

《汉志》，安定郡乌氏县，有乌水，出西北入河。《水经注》无澧谓即固原州之清水河，然则即此高平川也……此水初曰乌水，以色名，又曰苦水，以味名，又曰高平川，别以县名；今曰清水河，则又以色名。董若诚曰，今清水河出固原州西南六盘山，即大陇山也。

图 4-3　六盘山国家森林公园

高平川即清水河，发源于今宁夏六盘山，在固原市原州区境内。清水河向北流经固原、海原等地，注入黄河，与《汉书·地理志》的记载较为吻合。而都卢山即今宁夏六盘山。加之乌氏作为逐水草而居的游牧部落，六盘山一带充沛的水草资源，恰恰为其繁衍生息提供了绝佳的自然条件。根据乌水和都卢山的地理位置，可以大致确认秦汉时期的乌氏县位于今宁夏固原东南和甘肃平凉西北一带。这一观点曾得到学界的基本认可。如《中国古今地名大辞典》“乌氏县”条：“汉置。氏音支。后汉曰乌枝，晋仍曰乌氏，后魏废。故城在今甘肃平凉县西北。”又《中国历史地名大辞典》说：“乌氏县又作阏氏、焉氏。本乌氏戎地，战国秦惠王置县，属北地郡，治所在今宁夏固原县西南。……西汉属安定郡，东汉改为乌枝县。”

然而，新出汉简已确认了乌氏具体的位置。《居延新简》所收破城子E·P·T59·582号汉简明确记录了王莽始建国三年（11）长安以西诸县、置之间的里程。兹移录相关简文如下：

长安至茂陵七十里月氏至乌氏五十里
茂陵至茯置卅五里乌氏至泾阳五十里
茯置至好止七十五里泾阳至平林置六十里
好止至义置七十五里平林置至高平八十里

该简所记诸县、置的走向均为自东向西。简文中的泾阳即西汉泾阳县治所在，其具体位置已为学界所确定，大致位于今甘肃平凉市安国镇油坊庄。由汉简可知，乌氏县应当位于泾阳县以东约50汉里的地方。换言之，汉朝乌氏县的大体位置应该在今甘肃平凉以东地区。具体位置则可能在今平凉市十里铺一带。

图 4-4 西域考古发现的丝织品（残缺）

我们认为，传世文献与出土简牍相关记载的差异，很可能与定位标准的不同有关。汉朝乌氏县在宁夏固原东南和甘肃平凉西北部的传统观点，其依据主要在于对乌水和都卢山地理位置的确认。而由此得出的清水河和六盘山以东地区实际上仍是一个较为广阔的地域范围。相比较而言，E·P·T59·582号汉简记载的县置里程无疑更为精确。由县置里程在帝国行政运作中的实用性来看，汉简所录“乌氏至泾阳五十里”应该理解为乌氏县治所在地与泾阳县治所在地之间的实际距离，而不应该笼统地概述为乌氏和泾阳之间相距“五十里”。实际上，乌氏县和泾阳县相互毗邻。因此，由泾阳县治所在地推导出的乌氏县治所在地虽然位于今平凉市以东十里铺一带，泾阳与乌氏两县的分界线却必然在十里铺以西。换言之，十里铺以西仍然有大片区域属于乌氏县。若泾阳、乌氏两县的县治所在地都位于其东部地区，那么乌氏县的实际控制范围便可能包括今平凉市西北甚至是固原市西南地区。从这个角度来看，《汉书·地理志下》的记载与出土简牍之间似乎并不存在矛盾。但无论乌氏县在今天何处，它在当时都是中原地区与西域丝绸贸易的一个重要的中转站。

乌氏倮是民间商人还是官商?

根据《史记》的记载，乌氏倮的身份仍有可疑之处：他到底属于民间商人还是官商呢？关于这个问题，何清谷先生认为，乌氏倮以内地丝绸与关外戎王进行“走私贸易”，因“属国家需要，故对乌氏倮给予优待”。在我看来，乌氏倮并非走私商人，而是一位官商，并对秦的统一战争和其他战事、工程运输等做出了重大贡献，现进一步把浅见和论据进行简要陈述。

我们认为乌氏倮乃是秦的官商，其原因在于有种种迹象表明他并非一个民间商人。一个很奇怪的现象就是：秦朝对于关梁控制颇严，在对外贸易上亦有着严格规定，然而从司马迁的记载看，乌氏倮在与戎王进行贸易时却可以带着大批商品随便出入。不难想见，如果他真是一个民间商人，从事的还是“走私贸易”，是绝不可能这样畅通无阻的。我们还可以提供一个与此类似的反证——班壹的事例。《汉书·叙传》云：“始皇之末，班壹避地楼烦，致马牛羊数千群。值汉初定，与民无禁，当孝惠、高后时，以财雄边，出入弋猎，旌旗鼓吹。”显然，若仅就财富而言，班壹恐怕并不比乌氏倮逊色，但他只能到汉初“与民无禁”后，才能“以财雄边，出入弋猎，旌旗鼓吹”，可见其中必有缘由。比较合理的解释是，乌氏倮的贸易活动曾得到秦朝统治者的允许，或者双方存在某种默契，这样他才能如此畅通无阻。但这也就意味着他在秦的对外贸易中扮演着重要角色，至少可以说，他是秦朝的一位贸易代理人。

还有，秦自商鞅变法即实行严格的军功赐爵制度，据许多学者研究，即使能获得军功，也相当难得高爵。乌氏倮若只是一个畜牧主，且从事“走私贸易”，能够受到“比封君，以时与列臣朝请”的优礼，这显然也是很奇怪的现象。汉承秦制，从汉朝官制来看，凡享受“朝请”优待者，一般为九卿、关内侯以上的重臣或退休老臣。如：“万石君奋归老于家，以岁时为朝臣。”“苏武以著节老臣，令朝朔望。”“关内侯萧望之给事中，朝朔望，坐次将军。”“丞相张禹逊位，以特进奉朝请。”“冯参以列侯奉朝请。”如果乌氏倮不是秦朝的重臣或做出过很大贡献，这岂不是令人更加费解吗？看来也只能有一种解释，即：乌氏倮的贸易活动是代表官方进行的，并不是“走私贸易”，对秦朝亦曾有重大贡献。

图 4-5　战国秦商鞅雕像

那么，乌氏倮究竟曾做出哪些贡献呢？我们认为，他的贡献就是作为秦的贸易官员，以民间或半官方的名义与戎王进行贸易，为秦统治者提供了充足的马牛等战争和生活物资，既保证了秦统一战争的顺利进行，也满足了秦朝的其他战事及工程、运输等需要。这种贡献完全可以和军功相比。所以当秦统一全国后，鉴于他的特殊贡献，并勉励他继续努力，秦始皇便以“比”的形式给予他优宠待遇。显而易见，这才是乌氏倮会受到优礼的根本原因。

图 4-6 秦半两钱

顺便再说明一点，司马迁在《货殖列传》中对优礼乌氏倮的原因也进行过分析，认为:“夫倮鄙人牧长，清穷乡寡妇，礼抗万乘，名显天下，岂非以富邪? ”这种看法对后人曾起了很大的误导作用，实际却完全是想当然的解释。一则缺乏可信的史料依据。从《史记》的叙事可以看出，司马迁对于乌氏倮的记载，在一些重要的史实及逻辑关系上几乎都是残缺不全的，说明早在汉初人们对他们的事迹就已经不甚明了。因之司马迁的记载很可能是通过采撷传闻而撰写的，然后据此予以评论，其可靠性值得怀疑。二则带有浓厚的偏见。由于特定的时代氛围及其不寻常的身世，司马迁对利欲、求富和重商几乎到了完全迷信的地步，以致在今天看来，仍带有着几分偏执。所谓“天下熙熙，皆为利来；天下攘攘，皆为利往”“富者，人之情性，所不学而俱欲者也”“人富而仁义附焉”云云。因此，在评论历史事件时，司马迁也必然要把这种观念体现出来，并往往把利欲和财富视为它的主要原因，甚至是唯一原因，其结论难免出现偏颇。三则不合情理。秦始皇曾公开宣称“上农除末”。里耶秦简亦记载，一个名叫“枯”的士伍，可能因为无奈而娶了商人的女儿为妻，竟受到戍边四年的严厉处罚——“城父蘩阳士五（伍）枯取（娶）贾人子为妻，戍四岁☐。”（8-466）到秦始皇后期，商贾更往往被作为戍边和服役的优先对象。如：“三十三年，发诸尝逋亡人、赘婿、贾人略取陆梁地，为桂林、象郡、南海，以適遣戍。”试问：在全国绝大多数商人由于求利、致富而遭到秦王朝严厉摧残的情况下，对于乌氏倮的优礼又怎么可能是因为他的富裕呢？这显然是司马迁的一种错误归因，不足为凭。

主要参考文献：[1] 何清谷：《秦始皇时代的私营工商业》，《文博》1990 年第 5 期。[2] 陈伟主编：《里耶秦简牍校释（第 1 卷）》，武汉大学出版社 2012 年版。[3] 张多勇：《从居延 E・P・T59・582 汉简看汉代泾阳县、乌氏县、月氏道》，《敦煌研究》2008 年第 2 期。[4] 王树民：《史部要籍解题》，中华书局 1981 年版。[5] 晋文：《以经治国与汉代经济》，《江汉论坛》1992 年第 12 期。[6] 晋文：《也谈秦代的工商业政策》，《江苏社会科学》1997 年第 6 期。[7] 李并成：《河西走廊历史地理》，甘肃人民出版社 1995 年版。[8] 臧励龢：《中国古今地名大辞典》，（香港）商务印书馆 1931 年版。[9] 杨守敬、熊会贞疏，段熙仲点校，陈桥驿复校：《水经注疏》，江苏古籍出版社 1989 年版。[10] 史为乐：《中国历史地名大辞典》，中国社会科学出版社 2005 年版。[11] 陈澧：《汉书地理志水道图说》卷三，《四库未收本辑刊（八辑四册）》，北京出版社 2000 年版。[12] 徐天麟：《西汉会要》卷四二《职官十二》，上海古籍出版社 2006 年版。[13] 甘肃省考古所：《居延新简》，文物出版社 1990 年版。[14] 朱绍侯：《军功爵制研究》，上海人民出版社 1990 年版。[15]（日）西嶋定生：《中国古代帝国的形成与结构——二十等爵制研究》，武尚清译，中华书局 2004 年版。

丝路上的新娘
——和亲乌孙的西汉公主

文｜南开大学　杨晓越

和亲前奏——张骞出使乌孙

汉武帝元狩四年（前 119），受封中郎将的张骞手持符节，率领 300 名随员，携带牛羊万头以及钱币、绢帛无数，第二次踏上了前往

图 5-1　敦煌莫高窟第 323 号洞窟壁画所绘张骞跪别汉武帝（局部）

西域的路途。此次，规模浩大的出使队伍从长安出发，行过陇西，出玉门关，向西经鄯善到焉耆，再沿天山北麓西行进入伊犁河谷地，最后抵达阗池（伊塞克湖）之南的乌孙国都赤谷城。

此时的乌孙已属西域强国，东临匈奴，西望康居、大宛，南则与龟兹、姑墨诸国相接，作为丝绸之路上的要冲，在西域诸国中具有十分重要的战略地位。公元前 2 世纪初，乌孙与月氏均在祁连、敦煌一带游牧，后来乌孙王难兜靡被月氏攻杀，其子猎骄靡由匈奴冒顿单于抚养长大。

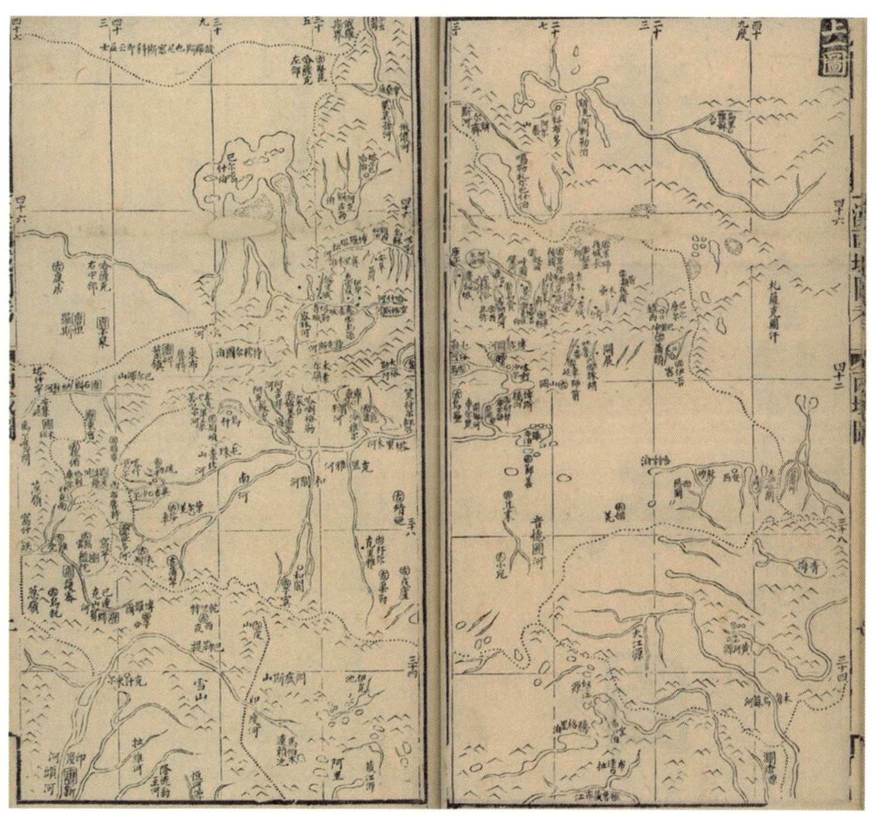

图 5-2　清李广廷等人编写的《汉西域图考》插图

汉文帝后元三年（前161），猎骄靡为报父仇，在匈奴的支持和援助下，率领部众西击大月氏，夺取了伊犁河流域一带，并在此建立了乌孙国。之后多年，乌孙受匈奴的牵制。

西汉王朝自武帝即位之后，依靠强大国力，一改前几任君王对匈奴的妥协退让态度，转守为攻，主动出击，对匈奴开展了三次决定性的军事行动。元朔二年（前127），车骑将军卫青出云中，夺回河南地（今河套以南地区）；元狩二年（前121），骠骑将军霍去病出陇西，大败匈奴右部休屠王、浑邪王，控制河西走廊，为打通前往西域的道路奠定了基础；元狩四年（前119），卫青、霍去病分兵进攻漠北，匈奴单于远遁，以致“漠南无王庭”。虽然汉朝通过这三次大规模的反击取得了不小的胜利，但是并没有完全消除匈奴对汉朝北方疆土的威胁，实力尚存的匈奴在屡犯汉边的同时，又将注意力西移，加紧对西域的控制。于是，西域由此成为汉匈斗争的重心，西域诸国的向背无疑是双方胜败的关键所在。如若汉朝能与乌孙结盟，便可与它一东一西对匈奴形成夹击之势；汉朝还可将乌孙作为沟通西域各国的纽带。张骞凿空西域开启丝绸之路后，便向武帝建言联络乌孙，其曰：

蛮夷恋故地，又贪汉物，诚以此时厚赂乌孙，招以东居故地，汉遣公主为夫人，结昆弟，其势宜听，则是断匈奴右臂也。既连乌孙，自其西大夏之属皆可招来而为外臣。

此议为武帝所采纳，于是便有了本文开篇所写到的张骞第二次出使西域。汉朝除给予乌孙丰厚的财物之外，再次使出和亲的策略。所谓和亲，是指各国或各民族统治阶级出于政治目的而进行的一种联姻。此类性质的联姻，在春秋战国时的秦晋、齐鲁、赵魏等国之间就曾有过。作为维系两国关系的重要手段之一，相较于金银物资的赠送，和亲往往更能显示出诚意。西汉立国之初，汉高祖刘邦遭遇“白登之围”，被匈奴骑兵围困长达七天之久，用计脱身后，鉴于短期内难以消灭强大的游牧军事政权，“乃使刘敬奉宗室女公主为单于阏氏，岁奉匈奴絮缯酒米食物各有数，约为昆弟以和亲”，以此来换取边境安宁。自此，随着一道道圣旨的颁布，被封为公主的汉朝女子们远嫁域外，关山万里，她们的命运从此改变。

图 5-3 “白登之战遗址”纪念碑

汉武帝时，张骞的出使活动并未立即达到与乌孙联姻结盟的目的。这虽然有诸多缘故，归根结底还是因为匈奴在西域的势力大于西汉。不过，乌孙并非甘愿久处于匈奴的压制之下，还是希望与汉通好。所以，当武帝元鼎二年（前 115）张骞返回汉朝时，乌孙派遣使者一同前来，并献上宝马数十匹。乌孙使者归国后向昆莫（又称昆弥，即国王）报告了长安的繁华景象，乌孙越发重视汉朝，两国建立了经常性的联系。后来，随着时局的发展变化，乌孙主动表示愿与汉朝缔结姻亲之盟，而这正是汉武帝所希冀的，所以才有了两位西汉公主先后踏上了去往乌孙的漫漫和亲路。

青冢相望去不归，归时定化黄鹄飞——细君公主

汉朝不但与乌孙交好，又借道乌孙不断前往大宛、月氏等国。眼看自己将失去对西域的控制，匈奴愤怒不已，扬言要对乌孙进行打击。这一举动却使得乌孙昆莫猎骄靡最终倒向汉朝，他以马千匹为聘，求娶大汉公主，两国约为昆弟。于是，元封六年（前 105），汉武帝一道圣旨，罪臣之女刘细君便以公主身份下嫁猎骄靡。

细君原是江都王刘建之女，身份显赫。她的爷爷刘非是汉武帝同父异母的兄弟，所以算起来她是汉武帝的亲侄孙女。本该在江都（今扬州）富贵温柔乡中安然成长的细君，幼年却遭逢家中巨变。其父在武帝元狩二年（前 121）被人告发企图谋反，自缢而死，其母以同谋罪弃市，江都国除，被改为广陵国。武帝怜细君年幼，又是皇家血脉，免其罪责。一夕之间，家破人亡，细君也从藩国贵族沦为罪臣后人，流落民间。相传刘建的

图 5-4　汉家公主纪念馆中刘细君蜡像

堂兄弟广陵王刘胥在民间将其寻获，养育在宫中，接受诗书礼乐的教育。数年后，刘细君成长为才貌双全的王室闺秀。父辈的罪愆、年少的悲惨始终是细君心头无法抹去的阴郁之色，似乎注定了她不能平静度日。作为汉武帝选中的和亲人选，无所依凭、孑然一身的细君被推上了历史舞台。

对君王的这份“恩典”，细君除了接受别无选择，一个女子的一生就此改变。武帝“赐乘舆服御物，为备官属宦官侍御数百人，赠送甚盛”，并在启程之日亲自为她送行。彼时旌旗蔽日、鼓乐喧天，一派帝王嫁女的场面。盛妆的细君恋恋不舍地登上汉家车辇，跟随声势浩大的送亲队伍逐渐西去。或许细君路上曾无数次回望长安，可惜山高路远，风沙无边，只剩下涕泪涟涟，这一别竟成永诀。

乌孙国都赤谷城大路两旁官民奏乐起舞，迎接汉朝公主的到来。娴静纤弱、肤色白皙的细君被乌孙人称为“柯木孜公主”。“柯木孜”在哈萨克语中是“马奶”的意思。匈奴得知乌孙与汉结盟，闻风而动，亦遣女嫁与乌孙昆莫。“瘦死的骆驼比马大”，匈奴此时虽然经过与汉朝的三次大战元气受损，可势力犹存，对乌孙仍具有相当的威慑力。猎骄靡只得接受匈奴的亲事，封匈奴公主为左夫人、细君公主为右夫人。乌孙以左为尊，匈奴公主位居细君之上。

地位上的差异自然会增加细君公主的困苦，她需要承受来自匈奴公主的刁难。此外，细君也不似匈奴公主一般能够弯弓射雕，策马草原。苦寒塞外与那明媚扬州、锦绣长安相比，判若云泥。《汉书·西域传》描述乌孙“地莽平。多雨，寒。山多松樠。不田作种树，随畜逐水草，与匈奴同俗。……民刚恶，贪狼无信，多寇盗……”乌孙人粗犷剽悍、食肉饮浆，这种迥异于中原的游牧生活让细君难以适应；双方语言不同，沟通也困难。猎骄靡虽然给予她礼遇和宠爱，但他毕竟年事已高。天性柔弱忧郁再加之远离故土、险象环生的处境，更令细君心生悲愁惶恐之情。然而，她明白，自己的婚姻关乎大汉边疆的安宁，所以“自治宫室居，岁时一再与昆莫会，置酒饮食，以币帛赐王左右贵人”，极力维护和猎骄靡之间的关系，同时代表汉朝广泛交游。在她的努力下，乌孙和汉朝的友好关系得到了进一步发展。

置身异域，或许午夜梦回的细君，见到的依然是那秀丽的江都景致和繁华的长安风光。又或许在一个深秋的清晨，走出宫室的细君公主极目远望，乌孙山静静矗立，昭苏草原上牛羊遍野，猛然抬头，但见一群黄鹄由西向东缓缓飞去，最后消失于天际。身世的坎坷，命运的无奈，使她常常弹奏琵琶，唱诉幽怨之情。汉家公主强烈的悲戚之感油然而生，压抑已久的痛苦情绪凝结成诗行倾泻而出，美丽消瘦的人儿缓缓吟唱：

吾家嫁我兮天一方，
远托异国兮乌孙王。
穹庐为室兮旃为墙，
以肉为食兮酪为浆。
居常土思兮心内伤，
愿为黄鹄兮归故乡！

歌声如泣如诉，似杜鹃啼血，令人听之黯然神伤，后世将此称为《悲愁歌》或《黄鹄歌》。当这首思乡之曲传至长安，“天子闻而怜之，间岁遣使者持帷帐绵绣给遗焉”。赏赐虽丰，但怎能抚慰伊人寂寥哀苦之心？江山社稷在上，雄才大略的君王想必也不会说什么暖心之语，充其量是让她在乌孙好好生活、提醒她不负王命罢了。

年迈的猎骄靡知道自己已经时日无多，属意将王位传位给其孙岑陬

图 5-5　昭苏草原

（乌孙官名）军须靡。乌孙与匈奴一样，实行“转房婚”的习俗，即新任国王要收继前任国王的夫人为妻子。在汉人眼中悖逆伦常之举，细君公主自是难以从命，上书武帝，言辞恳切，希望得到母国的支持和帮助。然而，武帝的回复却是：“从其国俗，欲与乌孙共灭胡。”西汉王朝“联乌抗匈”的和亲目的，在一封家书中被一语道破，和亲公主只不过是这场政治博弈中的棋子罢了。所谓大义如千斤重担沉沉压下，孤弱女子毫无退路可言。万般无奈之下，细君只得遵从帝旨，含悲忍辱再嫁军须靡。婚后，她为军须靡生下了一个女儿少夫。此时的细君恐怕已心如死灰，或许加之产后失调，她竟一病不起。汉武帝太初四年（前 101），亦即她下嫁乌孙的第五年，羸弱幽怨的细君郁郁而终。年轻的生命还未来得及绚烂绽放便枯萎，永远长眠在塞外草原，终生未能再返回中原故土。

图 5-6 汉家公主纪念馆中远嫁乌孙的细君（前左）蜡像

作为首个踏上“张骞凿空”形成的丝绸之路远嫁西域的汉朝公主、“和亲乌孙第一人”，细君公主的一生尽管短暂，却并不平凡。她和亲乌孙之举使得乌孙与汉朝结成军事同盟，初步实现了联合乌孙、遏制匈奴的战略目标，为大汉边疆的稳定做出了贡献，揭开了中央政权与周边少数民族关系新的一页，也为西汉彻底开辟丝绸之路打下了基础。但是，这些光芒或许掩盖掉了一个无法掌控命运、绝世独立于北国寒风中的孤女形象以及她那些杳不可闻的叹息与呜咽。

纵入旋涡里，拼却女儿身——解忧公主

细君公主的猝然离世不是西汉与乌孙和亲的终章，“联乌抗匈”的任务尚未完成，为了继续巩固与乌孙的关系，汉武帝决定再选择一位和

亲公主。于是，在细君去世的同年，又一位汉朝公主刘解忧追随着细君的脚步西嫁乌孙。

解忧公主的身世与细君颇为相似。解忧同样出身皇族，但她与武帝的血缘关系比细君远得多，她的祖父刘戊是汉高祖刘邦四弟刘交之孙，被封为楚王，称霸一方。景帝前元三年（前 154），刘戊参与同姓诸王的“七国之乱”，兵败于周亚夫后自杀身亡。刘戊虽死，其罪过累及子孙，让他们饱受猜忌和排斥，陷入深重的苦难之中。刘解忧正是在这没落家族的氛围中长大的。与细君不同，生活的艰辛赋予解忧的不是多愁善感，而是坚韧刚毅。

边境强敌窥伺、狼烟未消，既为汉室子孙，理应为国分忧，也许这位具有豪侠之气的女子会有这样的想法，可想到自此就要告别亲人、去国万里，心中岂会没有纠结和不舍？和亲注定是一条不归路，细君公主的悲剧命运难道不是对此的真实写照？但皇命难违，解忧一家只得含泪跪拜，接旨谢恩。年轻的公主踏上了和亲之路，从此被裹挟进错综复杂、波谲云诡的政治旋涡中。此时的她不会想到，日后自己竟能搅动历史风云。

来到乌孙，强烈的求生意念和沉重的使命让解忧公主无暇自怨自艾，吃胡食、学胡语、穿胡服、练骑射，她一点一点努力地适应着游牧生活。和细君公主一样，位居右夫人的解忧也要面对左夫人匈奴公主的打压和排挤。不巧的是，解忧多年未有身孕，而匈奴公主为昆莫军须靡诞下一子，取名泥靡，并被立为王位继承人。汉朝在与匈奴的战斗中多有失利，所以解忧公主的日子更加艰难。眼见乌孙日益亲近匈奴、疏远汉朝，解忧心急如焚。但这严峻的形势随着军须靡的病危出现了转机。军须靡临死之前立下遗嘱，因泥靡尚幼，先令堂弟翁归靡继承王位，待泥靡长大成人，再将王位归还。这位新任国王身宽体胖，号为肥王，他遵从旧俗，

图 5-7 汉家公主纪念馆中解忧公主蜡像

娶了匈奴公主和解忧公主作为夫人。嫁给翁归靡虽然身不由己，但这对解忧公主来说未必不是一件好事。从她之后在乌孙的生活状况来看，或许他们之间除了政治婚姻的羁绊，还有着不浅的情意。

解忧公主为翁归靡生育了三男二女，积极活跃在政治舞台上。除了向翁归靡多所建言，振兴乌孙以外，解忧公主还不断强化乌孙与汉朝的交往，并在西域扩大汉朝的影响力，间接推动了丝绸之路的繁荣发展。翁归靡执政期间，乌孙的国力最为强盛，与汉朝的友好关系也达到顶点。

乌孙逐渐倒向汉朝的举动，对于企图牢牢掌控西域的匈奴而言，无疑是沉重一击，这激怒了匈奴王庭。在对乌孙的施压和威吓都收效甚微的情况下，按耐不住的匈奴首先攻占了作为西域门户的车师，随后与车师联兵，共侵乌孙。匈奴还派遣使者要乌孙交出解忧公主，并与汉朝断绝关系。此时的汉朝，武帝已经去世。解忧公主曾上书昭帝，说明事态，请求援助。但正当汉朝厉兵秣马，商议进攻之策时，昭帝驾崩。宣帝即位之初，解忧公主与翁归靡再次上书，愿举半国精兵抗击匈奴，希望汉朝予以支援。汉宣帝本始三年（前 71），15 万西汉大军兵分五路，与乌孙共击匈奴，校尉常惠还奉命手持节杖护卫乌孙军队。经此一役，匈奴实力大损，从此一蹶不振。其后匈奴各部争权夺利，彼此厮杀。汉宣帝神爵二年（前 60），随着匈奴日逐王先贤掸的降汉，匈奴在西域设立的僮仆都尉就此废止，宣告了匈奴在西域统治的终结。同年，汉朝在乌垒城（今轮台县境）设立西域都护府，西域地区正式归入汉朝版图。

匈奴的败绩使解忧公主在乌孙国的威望空前高涨。为了继续强化乌孙与汉朝的友好关系，她经常将自己的子女送到长安学习先进的汉族文化，两国使者往来络绎不绝。

好景不长，解忧公主辛苦开创的汉乌良好局面随着翁归靡的病逝而面临崩溃。在立即展开的王位之争中，解忧公主败下阵来。虽然翁归靡生前将解忧公主所生的长子元贵靡立为王储，但当初军须靡去世前却是嘱托由翁归靡暂代王位，将来还是要交还给军须靡与匈奴公主的儿子泥靡。此时，这位早已成年的王子泥靡羽翼渐丰，再也不甘寂寞，准备夺回属于自己的权力。经过一番较量，乌孙贵族最终推举泥靡当了新国王。

政治形势一贯就是如此残酷多变，王权更迭，汉朝和匈奴在乌孙的实力对比发生了转换。尘埃落定后，解忧只能遵从乌孙习俗再嫁泥靡，前路凶险。但为了生存，为了不让自己在乌孙多年努力经营的成果付诸东流，为了能够继续维护汉朝和乌孙的亲善交往，解忧公主不得不义无反顾地走下去。

泥靡，解忧公主人生中的第三个男人，无疑是她的噩梦。虽然解忧为泥靡生了一个儿子鸱靡，但夫妻不合，嫌隙颇深。泥靡号称“狂王”，不负其名，残忍凶狠，倒行逆施，“暴恶失众”。解忧审时度势，认为泥靡不得不除，于是联合出使乌孙的汉朝使者卫司马魏和意、副侯任昌设下酒会，宴罢，派人趁机刺杀泥靡。只可惜剑失分寸，没有将泥靡刺死，他负伤逃遁。

泥靡的儿子细沈瘦带兵将魏和意、任昌及解忧公主围困在赤谷城，情况危急。幸得汉朝西域都护郑吉发兵解围。汉朝遣人将参与刺杀行动的两位使臣押回长安斩首，并留下车骑将军长史张翁审理此案。汉朝原本也只是做做样子，意在暂且平息事端，趁机除去“狂王”。可张翁没有领会这层深意，竟然严厉审问解忧，甚至“捽主头骂詈”。解忧上书宣帝告知此事，张翁回到长安后被朝廷下令处斩。

在解忧公主与泥靡兵戎相见之时，匈奴公主与翁归靡所生的儿子乌就屠趁乱逃到北山，扬言母国匈奴将派兵前来干预，于是乌孙国中亲匈奴派的势力尽数归附。随后乌就屠袭杀泥靡，自立为王，与屯驻乌孙边境的汉朝西域都护府大军紧张对峙，大战一触即发。眼看汉朝与乌孙多年以来约为兄弟的友好关系就要毁于一旦，在这千钧一发之际，解忧公主的侍女、乌孙右大将妻冯嫽挺身而出，凭借出色的外交才能劝服乌就屠接受汉朝的安排，平息战端。汉宣帝甘露元年（前53），乌孙国一分为二，大昆莫元贵靡统治六万余户，小昆莫乌就屠统治四万余户，分而治之，暂时相安无事，但实际上乌就屠颇得人心。

后来，解忧公主的两个儿子元贵靡、鸱靡相继病故。白发人送黑发人，怎不令解忧公主悲痛欲绝？回想往昔，五十年前，解忧公主告别锦绣长安，来到这万里之外的异邦，先后嫁与三位单于，经过了无数惊涛骇浪，血雨腥风，为巩固和开拓大汉江山，奉献了自己全部的青春年华和智慧心血。她继续细君公主未竟之事，巩固汉朝与乌孙的军事关系，使乌孙成为钳制匈奴的主要力量，最终让汉朝联合乌孙“断匈奴右臂”的战略计划得以实现，维护了西汉边境数十年的和平，并促进了汉朝与乌孙乃至整个西域地区在文化、政治、经济等各方面的交流与合作。虽

图 5-8 汉家公主纪念馆中冯嫽蜡像

为女子，但解忧公主的功绩与征战沙场的男儿相比毫不逊色，就像赵朴初先生在《塞鸿秋》中颂扬的那般：

漫等闲帝女乌孙嫁，
长留着王子金杯话。
为的是和亲民族安戎马，
为的是交欢琴瑟传文化。
重任付儿家，
雪岭冰川跨。
论功勋岂在萧房下？

解忧公主所做的一切努力无愧于汉家，但是岁月无情，韶华易逝，此时的公主已由美丽少女变作垂垂老妇，她再也没有心神和气力替大汉周旋于瞬息万变的政治舞台之上。昔日种种，有如梦幻。人到迟暮，虽然已在乌孙生活数十载，但毕竟是异国他乡，叶落归根，她没有一日不曾思念故土。也许，是到了该回家的时候了。公主上书汉宣帝，表示“年老土思，愿得归骸骨，葬汉地”，情词哀切，天子为之动容，应允她归汉。与细君相比，解忧也算是不幸之幸了。汉宣帝甘露三年（前 51），年且七十的解忧公主终于回到了阔别半个世纪之久的长安城。红颜离家，皓首归来，长安纵使繁华依旧，但已然换了一番模样，物是人非。汉宣帝“赐以公主田宅、奴婢，奉养甚厚，朝见仪比公主”，以极高的规格接待和安置了这位大汉功臣。两年后，解忧公主走完了她历经动荡的一生。

结语

细君与解忧两位公主在漫长的丝绸之路上留下了她们的足迹，接受帝王安排的政治婚姻，穿越瀚海，从长安一路风尘仆仆前往异域塞外，这本身就是一种不幸。她们无法真正主宰自己的人生，只能在残酷的政治旋涡中挣扎以求生存，柔弱如细君被转瞬吞没，即使坚毅如解忧，何尝不是九死一生？诚然，她们在一定时期为中原王朝与少数

图 5-9　西汉宣帝像

民族之间的和睦安宁与文化交流贡献了力量，为丝绸之路沿线要道的畅通提供了帮助，但是这些民族大义让一个个女子去担负未免过于沉重。和亲路上，细君与解忧不是开始，也不是结束，在众多和亲女子中，只有极少数人能够留下姓名，大部分被暴烈的风沙掩埋，湮没无闻。历史的功勋册中，不止有英雄的鲜血，也有美人的热泪，纵使斗转星移、沧海桑田，这些女子同样值得被永远铭记与怀缅。

主要参考文献：[1] 司马迁：《史记》，中华书局 2007 年版。[2] 班固：《汉书》，中华书局 2007 年版。[3] 崔明德：《中国古代和亲与丝绸之路的拓展》，《中国边疆史地研究》2005 年第 2 期。[4] 韩楠：《刘细君西行足迹探微》，《兰台世界》2014 年第 18 期。[5] 蒋萍：《西汉细君公主和亲事迹考》，《长春教育学院学报》2013 年第 17 期。[6] 黎虎：《解忧公主出塞的历史贡献》，《北京师范大学学报（社会科学版）》1979 年第 4 期。[7] 李艳华、孔令远：《细君与解忧》，《湘潭大学社会科学学报》2001 年第 2 期。[8] 于伟平：《论解忧公主的历史功绩》，《新疆地方志》1996 年第 2 期。[9] 宋伯航：《细君公主和亲嫁乌孙》，《文史春秋》2011 年第 2 期。[10] 王庆宪：《匈汉争夺中活跃在西域的三位汉家公主》，《云南师范大学学报（哲学社会科学版）》2003 年第 3 期。[11] 武金峰：《试论西汉王朝与乌孙的和亲政策》，《伊犁师范学院学报（社会科学版）》1996 年第 4 期。[12] 俞明：《细君、解忧公主和亲述论》，《江苏社会科学》2003 年第 5 期。

怛逻斯战役
——唐朝如何退出中亚

文｜南京大学　董雅娜

图 6-1　元任仁发绘《张果见明皇》中的唐玄宗

唐玄宗天宝十年（751），是唐朝历史上一个举足轻重的年份。国内仍是“稻米流脂粟米白”的开元盛世，但在大唐遥远的边疆，却发生了一件不但影响世界历史格局，而且隐隐预示大唐盛世危机的大事。在中亚天山山脉北侧、塔拉斯河附近有一座小城，名叫怛逻斯（今哈萨克斯坦南部塔拉兹附近），在这里唐朝与阿拉伯帝国爆发了一场中等规模的战争，3 万唐军被 10 万阿拉伯联军包围，经过多日的殊死搏杀，2万多唐军被俘虏，所余仅数千人，战况十分惨烈。

怛逻斯之战极大地影响了唐朝的历史发展进程。自此唐朝骑兵再也没有到达过葱岭以西，畅通上百年的丝绸之路就此中断，对中国而言，依托于丝路的繁华贸易开始沉寂，脱离了唐朝控制的中亚开始了伊斯兰化进程。

盛世危机，博弈中亚

6 世纪到 8 世纪，欧亚大陆上有三个大帝国正处于兴盛期。除了固守其腹心区域——小亚细亚和巴尔干半岛的拜占庭帝国外，还有东亚的大唐帝国（唐朝）与阿拉伯半岛新崛起的阿拉伯帝国。唐朝占据东亚，阿拉伯帝国占有西亚以及非洲北部、欧洲的一部分，中亚地区则夹在两

图 6-2 北庭都护府遗址

大帝国中间，成为二者的缓冲地带。但随着两个帝国势力向中亚地区的延伸，从 7 世纪中叶开始，两大帝国在中亚就摩擦不断，并最终爆发了战争。

7 世纪早期，唐朝建立伊始，为解决北方游牧民族对中原地区的侵扰，曾与这些游牧民族政权发生多次战争。这些战争在客观上促进了唐朝疆域的空前扩展。唐太宗贞观十四年（640），侯君集灭高昌，基本上统一了西域。至武周长安二年（702），武则天设置北庭都护府，唐朝在西域形成了完整的统治体系。

阿拉伯帝国的崛起大致与唐朝同时。7 世纪前期，在唐太宗征服东突厥并顺利统一西域及漠北、诸国共尊唐太宗为天可汗时，阿拉伯人也兴起于西亚的沙漠。

7 世纪初，穆罕默德创立伊斯兰教，并联合阿拉伯半岛上的几个游牧部落，通过宗教战争统一了阿拉伯半岛，并建立了政教合一的伊斯兰政权。穆罕默德去世后，继位的四大哈里发通过一系列对外战争，让这个新政权逐步发展为横跨欧亚非三大洲的大帝国。

唐太宗贞观六年（633），阿拉伯帝国入侵萨珊波斯，并于唐高宗永徽二年（651）灭波斯。唐高宗上元元年（674），波斯王子卑路斯辗转逃入长安。波斯王子卑路斯去世后，唐高宗于仪凤三年（678）册立其留在长安的儿子泥涅师为波斯王。

在阿拉伯帝国扩张的同时，唐朝也在向中亚延伸自己的势力范围。唐高宗显庆二年（657），唐大将苏定方攻灭西突厥，唐高宗龙朔元年（661），西域吐火罗款塞来附。唐朝任命王名远“为吐火罗道置州县使”，在“自于阗以西，波斯以东，凡十六国”的王都，分别设立都督府，下设州县数百个。这些新设立的都督府，隶属于安西大都护府。

至此，两个都处在上升期的帝国，其实控范围实现了接壤。倘或两

图 6-3 德国柏林 für Asiatische Kunst 博物馆所藏敦煌壁画所绘吐火罗人

帝国就此偃兵息鼓，和平相处也就罢了，但两个帝国间存在的固有矛盾，让战争似乎无可避免：在阿拉伯帝国看来，在其已经实际控制了波斯的情况下，唐朝依然设置了波斯都督府，并且支持流亡的波斯王子，很显然，唐朝已经站在了阿拉伯帝国的对立面；而在唐朝看来，唐高宗乾封二年（667）齐雅德·本·阿比希入侵唐朝属国吐火罗，驱逐唐朝册封的波斯王，这也是赤裸裸地挑衅唐朝在该地区的主导权。

尽管相互间的矛盾比较尖锐，但双方并没有急于在 7 世纪下半叶发动战争，而是处于相持态势。之所以如此，是因为这两个新兴的帝国，都认为发动战争的时机尚不成熟，一方面是对对方不够了解还需要谨慎观察，静默观望；另一方面，两个帝国政权内部都尚不稳定，暂无暇扩张争斗。阿拉伯帝国因为哈里发继承人问题，国内局势动荡，而大唐当时的心头大患则是屡屡犯边的吐蕃。

就阿拉伯帝国而言，国内此时爆发内乱，帝国内部发生分裂，以阿里·伊本·艾比·塔里卜为首的亲阿里派的哈希姆家族，对出身于倭马亚家族的奥斯曼出任哈里发的合法性提出质疑，这一伊斯兰世界内部的冲突延续至今，成为什叶派与逊尼派相对立的历史根源。阿拉伯帝国内部异常炽烈的政争，抑制了其扩张的攻势。

就唐朝而言，唐高宗咸亨元年（670），吐蕃攻陷安西，唐朝不得不倾全力对付吐蕃，无力远征中亚；武周长寿元年（692），唐朝大破吐蕃后，重新设置安西四镇，并在西域驻扎数万军队，以控制西域。此时的唐朝，除了依靠武力之外，还不得不依靠“以夷制夷”的政治策略，来加强对西域的控制。

唐朝在西域新秩序的建立，促进了贸易的繁荣。在唐朝骑军的护卫

图 6-4　布鲁克林艺术博物馆阿拉伯帝国内战场景

下，通过河西走廊联通西域各国的通道上，往来的商旅络绎不绝，他们将西域各国的货物通过丝绸之路运往唐朝的各个地方，并将唐朝的丝绸、瓷器和茶叶销往西域各国。唐朝在西域的经略，取得了汉朝以来前所未有的效果。伴随着这些商品转运站和居留地的出现，唐朝文化的影响范围越来越广。当时文化高度发达的唐朝，在文化、艺术、技术上都无疑显著地影响了中亚地区，各种物产在当时中亚各国民间享有非常高的声誉。不仅是商人，各国从事工艺制品的人也多次来唐，他们在转输中国的物产到西方的同时，以撒马尔罕为中心，在当地或雇佣唐工艺家，或自己掌握技术，大量从事制造各种铁器、生产棉织品等职业，不难看出，当时唐朝对该地区的发展，起了巨大的推动作用。

图 6-5　渤海国上京龙泉府遗址

但唐朝对边疆的控制并不是绝对稳定，吐蕃的存在依然在一定程度上威胁到河陇地区，并且对西域的安西都护府施加了强大的军事压力，北边垂死挣扎的后东突厥、东北的契丹、渤海国也牵制了唐朝的大部分军力。驻扎在安西和北庭的汉军，虽然同样也是西域一股相当强大的军事力量存在，但当唐朝国力达到了顶点开始衰落时，大明宫内的皇帝却穷兵黩武，沉迷声色，不再是那个励精图治的英明君主，繁荣的社会表面下隐伏着严重的危机。

在唐朝不断深化对西域的控制和开发时，唐高宗龙朔元年（661），第四任哈里发阿里被刺杀，正统哈里发时期结束。逊尼派倭马亚家族的叙利亚总督穆阿维叶即位哈里发，以大马士革为首都建立了倭马亚王朝[1]。逊尼派的胜利也暂时让阿拉伯帝国解决了内部的权力倾轧，重新开始东扩，尤其是在阿拉伯帝国征服了萨珊波斯后，向东扩张的障碍就已经扫除。阿拉伯帝国在东方的最高长官哈贾吉·本·优素福更是应许他的两个大将——穆罕默德·伊本·卡西木和古太白·伊本·穆斯林，谁首先踏上中国的领土，就任命谁做中国的长官。巨大的诱惑调动了二人发动战争的积极性，前者征服了印度的边疆地区，屠杀、驱逐了大量非穆斯林人，后者征服了塔立甘、舒曼、塔哈斯坦、布哈拉等大片中亚地区。唐玄宗天宝二年（743），阿布·穆斯林成为阿拉伯呼罗珊行省的总督，由哈贾吉统辖。受到丝绸之路带来的巨大利润诱惑，阿拉伯帝国的对唐政策变得更具进攻性。

当时为唐朝固守边疆，阻挡阿拉伯帝国进攻的，是一个名叫突骑施汗国的唐朝属国。他们在抵挡阿拉伯军队的进攻方面起到了重要的作用。突骑施原属西突厥的一部，7 世纪 50 年代初期还受西突厥可汗阿史那贺鲁统属。直到唐高宗显庆三年（658），唐朝平定阿史那贺鲁后，突骑

[1] 倭马亚王朝：阿拉伯伊斯兰帝国的第一个世袭制王朝，在伊斯兰教最初四位哈里发执政结束后，由前叙利亚总督穆阿维叶创建，统治时间自 661 年至 750 年。

施开始隶属于安西都护府。8世纪中叶，突骑施汗国崛起并接管了唐朝濛池都护府的全部土地，这一汗国得到唐朝的承认，通过册封其历代可汗，唐朝达到了“以夷制夷”的目的。

图6-6 突骑施汗国钱币

此时在位的突骑施苏禄可汗给当时向中亚发展的阿拉伯人以沉重打击。唐玄宗开元三年（715），唐任命苏禄为左羽林军大将军、金方道经略大使，赐号忠顺可汗。但由于突骑施连年被大唐驱使打仗很不满，加之突骑施占领中亚后势力变大，苏禄遂有反叛之心，并趁阿拉伯帝国对中亚战争所造成的混乱，入侵了唐朝保护下的塔里木地区。唐玄宗开元五年（717），苏禄又包围阿克苏城，数月之内，骚扰中国的四镇：焉耆、库车、喀什和于阗。唐朝担心突骑施汗国崛起会危及唐朝对中亚的管制，就和阿拉伯人一起夹攻突骑施，令中亚各国反抗突骑施，在唐朝的打击下突骑施败亡。

唐朝武力解决突骑施的反叛之后，与阿拉伯帝国已直面相向，至此，两大强权在中亚的战争似已无可避免。

怛逻斯之战的爆发

怛逻斯之战爆发的导火索是安西节度使高仙芝在石国问题上处理不当。

石国（在今乌兹别克斯坦的塔什干）是中亚的一个小国。唐高宗显庆三年（658），唐朝以瞰羯城为大宛都督府，开元初授其君主莫贺咄吐屯为国王，石国成为唐朝的属国。从此之后，石国一直与唐朝保持良好的关系。唐玄宗开元二十八年（740），石国帮助唐朝讨伐突骑施苏禄可

图 6-7　吐蕃王朝的立国之君松赞干布（中），厄恩斯特·斯塔夫罗·布洛菲尔德摄

汗有功，又册封其王为顺义王。天宝初年，唐朝还封其王子那俱车鼻施为怀化王，并赐铁券。

安西节度使高仙芝是高句丽人，他幼时随父入唐，20岁时被授予将军，官至安西副都护、四镇都知兵马使等。其人优点是在战场上善骑射，骁勇果敢；但其缺点就是为人太过粗暴，信奉以战养战，时人素称其“贪酷无义”，他常凌虐中亚的小国，惹得中亚的国王和酋长们怨声载道。唐玄宗天宝六年（747），吐蕃占领小勃律，唐朝三次出兵不捷，遂命高仙芝为行营节度使，率军出击。高仙芝最终智取小勃律，升安西节度使。

此时夹在唐朝与阿拉伯帝国之间的石国，内部分成了亲阿拉伯和亲唐的两派。石国原国王莫贺咄吐屯是忠于唐朝的，但到天宝年间，亲阿拉伯帝国的车鼻施部出身的特勤夺取了石国国王的王位，而伊奈吐屯伦则成为石国的副王。对于石国政局的这一变动，高仙芝认为必须出兵干预，以惩戒特勤与阿拉伯的勾结。唐玄宗天宝九年（750），安西节度使高仙芝以西域藩国石国“无番臣礼”为由，领兵征讨，石国投降并且请和，高仙芝允诺和好。但不久后高仙芝违背承诺，攻占并血洗了石国城池，俘虏了石国国王。不仅如此，高仙芝还残暴地掳走男丁，残杀老人、妇女和儿童，搜取财物。唐玄宗天宝十年（751）正月，高仙芝入朝，将被俘的几位国王献于玄宗面前，并因赫赫战功被授予右羽林大将军，玄宗随即将石国国王斩首。

侥幸逃脱的石国王子遂向阿拉伯帝国的阿拔斯王朝[1]求救。由于石国已经向唐朝请和，但高仙芝违背承诺的举

[1] 阿拔斯王朝：阿拉伯的第二个世袭王朝，古代中国称之为黑衣大食，于750年取代倭马亚王朝，定都巴格达，后于1258年被蒙古旭烈兀西征所灭。

动使唐朝失信于中亚诸国，许多亲附唐朝的西域国家转而寻求阿拉伯帝国的保护。阿拉伯军队计划袭击唐朝西域四镇，高仙芝决定先发制人，主动进攻。高仙芝率领大唐联军共 3 万人翻越过葱岭（今帕米尔高原），经过 3 个月的长途奔袭，深入 700 余里，最后到达怛逻斯，与阿拉伯军队遭遇，唐朝与阿拉伯帝国之间的第一次正面冲突爆发了，一场改变历史的战斗就此打响。

唐玄宗天宝十年（751）七月，面对 10 余万阿拉伯联军，敌强我弱的形势下，高仙芝沉着应战，指挥若定，3 万唐军在他的率领下发挥

图 6-8　帕米尔高原，方云华摄

了惊人的战斗力，在战争的前五天占据了战场优势，10余万阿拉伯联军被打得溃不成军、伤亡惨重。胜利的天平逐渐向唐军倾斜，高仙芝似乎很快就可创造以弱胜强的战争神话。

但唐军翻山越岭，越过沙漠来到阿拉伯帝国周围的中亚地区，本身很疲劳，补给和增援也不到位，因为唐朝无法为远征军提供后勤支持。唐军的士兵，战术和装备不适应在沙漠作战，但这恰恰是阿拉伯军队所擅长的。同时，唐军中有一部分是从中亚各地区强行征募或花钱雇佣来的，还有些是从依附国借来的部队，这些部队对唐朝的忠诚难以保证。战斗的第五个傍晚，就在唐军节节胜利之时，葛逻禄番兵突然反叛，他们和阿拉伯人前后夹击唐军。

这始料未及的变故令高仙芝猝不及防，沉着和冷静被慌张与焦虑所取代，指挥立刻乱了章法，2万唐军在此形势下迅速崩溃，大多数士兵倒在阿拉伯军队的铁骑之下。高仙芝脱险后，从慌乱中清醒过来，他聚集逃出的数千士兵准备再战，但在李嗣业的劝说下最终放弃。阿拉伯联军在作战中被唐军的骁勇所震撼，因而也放弃了追击，一场大战就此结束。

怛逻斯战役的历史影响

对唐朝而言，怛逻斯战役的失败，是唐朝由盛转衰的前兆（怛逻斯战役以及唐朝其他地区的战事对国内稳定有一定的影响，两年之后安史之乱爆发）。751年的唐朝，不但在中亚战败，而且对契丹和南昭的战事都遭遇了空前的惨败。对契丹的战争结束后，安禄山率领的唐军6万人仅剩20余人，对南昭的战事也是战死6万余人。唐朝遂失去对中亚、葱岭以西所有地方的控制。此前唐朝通过在这一地区建立“都护府”“都

图6-9 唐李昭道绘《明皇幸蜀图》描绘唐玄宗逃往蜀地事

督府”等行政管理机构，其统治在这里已经延续了近百年。虽然怛逻斯一战的溃败使得唐朝失去了其在中亚地区的大部分势力，但作为当时的世界大国，再加上这场战役本身并未伤及中央政权，在随后的几年内，唐朝迅速恢复了在这一地区的势力，并试图收回怛逻斯之战中丢掉的领土。两年后，新任的安西节度使封常清带兵攻占了大勃津（今克什米尔），唐朝的地区影响力有所恢复。但正当唐朝准备再和阿拉伯帝国争夺中亚之时，一场席卷中原大地的安史之乱爆发，加上两年持续不断的内部损耗，使其希望彻底破灭。

对唐朝而言，怛逻斯战役的失败，损失的不仅仅是数万军队，更重要的是从此丧失了对中亚和丝绸之路的控制权，这成为唐朝在西北势力由盛转弱的转折点。

为经营西域和丝绸之路，唐朝曾经付出过巨大的代价——经过近百年与突厥、吐谷浑诸国的斗争，才逐步控制西北，进而发展了与中亚的经济政治关系。在怛逻斯战役之前，与唐朝通使、通商的国家地区、部落民族多至上百个，仅中亚腹地，就有众多类似石国的内附国臣服于唐朝。怛逻斯战役之后，唐朝近百年来在葱岭以西的经营彻底结束，其后吐蕃控制河西走廊，加之唐朝经济和军事力量衰退，缺乏管理西北边疆地区的能力，中亚各国逐渐脱离了与唐政府的政治关系，唐朝对西域的政策由攻势转为守势。这也开启了唐朝在西域的收缩时代，以葱岭为界，阿拉伯与中国各执丝绸之路一端，使欧亚大陆贸易的格局发生了重大的变化。

这使怛逻斯战役的胜利者阿拉伯帝国收获巨大。阿拉伯帝国不但完全控制了中亚、控制了东西方的交通，而且扩大了穆斯林文明的影响，唐朝文化对中亚地区的影响大幅消解，西域地区开始伊斯兰化。阿拉伯帝国对中亚的统治使该地区的历史翻开了新的一页，中亚人民开始纷纷皈依伊斯兰教。从 8 世纪后半期到 9 世纪初，伊斯兰教逐步成为中亚当地居民所信奉的主要宗教，中亚地区开始了整体伊斯兰化的过程。伊斯兰文明从此在这块土地上扎下了根，并延续到今日。其后的突厥民族

图 6–10　位于中亚乌兹别克斯坦境内的纳迪尔·迪万 – 贝吉伊斯兰教学校

虽然在政治上获得统治地位，但是在信仰上却伊斯兰化。蒙古人的入侵也没有使中亚地区的伊斯兰教走向衰微，为巩固统治，蒙古统治者对伊斯兰教实行宽容政策，甚至有些中亚的蒙古统治者倒向伊斯兰教。由此可见，怛逻斯一战促进了之后伊斯兰教在中亚广袤土地上的传播，改变了一个地区居民的生活习惯和宗教信仰，影响极其久远。

但怛逻斯战役同样也成为阿拉伯文明东扩结束的标志。虽然阿拉伯人取得了胜利，但在此一战中也损失将近 4 万人，因为这次前所未有的挑战和巨大的损失使得阿拉伯人不愿再向陌生的东方进军，这场胜仗也成为阿拉伯帝国百年扩张以来遇到的最大困难。唐军虽然战败，但这场战役的获胜方——阿拉伯的阿拔斯王朝在获胜后也停止东进，在战略上阻止了伊斯兰文明的继续向东扩张。伊斯兰文明自此占领但也止步于中亚，所以怛逻斯战役也是阿拉伯历史上扩张和征服运动的转折点。

从历史的长时段看来，怛逻斯战役在世界历史上有重要的意义。在怛逻斯战役中，大批中国工匠作为俘虏，被押往阿拉伯地区，这些人中有金银匠、画匠、织匠，还有造纸匠，这些工匠把中国包括造纸术在内的先进科学技术传授给了阿拉伯人，更易书写保存的纸张为知识的传播提供了便利，促进了阿拉伯帝国科学文化的发展。793 年，波斯（今伊朗）开始造纸，同年，巴格达也开始设立造纸工场，撒马尔罕、巴格达以及大马士革成为阿拉伯帝国的三大造纸中心。而阿拉伯人又将中国先进的科学技术传入西方，推动了西方的发展与进步。造纸术先后传入埃及和欧洲各国，曾经在西方文化史上起过重要作用、制作烦琐的埃及莎草纸与昂贵的羊皮纸，在中国造纸术的产品前节节败退，直至完全退出历史舞台。

历史探索

佩里叩关：日本近代打开国门之始

文 | 南京大学　陈仲丹

日本在明治维新前对外实行的是锁国[1]政策。19 世纪初，一些西方国家派使节到日本要求开港通商，都遭到幕府的拒绝。

日本当时的政治体制较为复杂，徒有虚名的天皇住在京都，实权则掌握在江户（今东京）的幕府将军手里。1825 年幕府重申驱逐令，指示地方各藩炮击一切敢于靠近日本港口的外国船只，打死一切企图在日本登陆的外国人。

但国际形势的变化让日本的锁国政策也发生了一些改变，1840 年中英之间爆发鸦片战争，中国战败的消息传到日本，让幕府开始重新考虑此前的锁国政策，他们担心采取过激行动会引起冲突，于是在 1842 年修改驱逐令，指示各藩可以允许外国船只在日本少数港口加煤加水。

[1] 锁国：指除了与几个邻国（主要是中国、朝鲜）以及荷兰保持一定来往外，与其他国家没有外交关系和贸易往来。

黑船来袭

西方国家并不满足于日本这种微小的让步，美国更希望率先叩开日本的国门来获取利益。1803 年美国就派船到长崎，请求通商，遭到拒绝。1837 年，美国又以送还遭遇海难的日本漂流民为由，派“莫里森”号船驶往日本的浦贺、鹿儿岛，遭到炮击。这一事件使美国政府考虑用武力来迫使日本打开国门。

美国海军准将马修·佩里被定为派往日本的美国舰队司令人选，作为出访的使节送交美国总统给日本统治者（幕府将军）的信。这封作为国书的信是美国国务卿根据佩里起草的初稿写成的，其中包含美国对日本的几点要求：（1）保护在日本沿岸遇难的美国船员的安全；（2）开放日本港口，供美国船只补充燃料、用水、粮食；（3）允许美国商船

图 7-1　19 世纪末长崎港口外的荷兰贸易站

图 7-2 美国海军准将马修·佩里像，约摄于 1857 年

在日本进行贸易活动。

佩里是个老资格的海军将领，曾在美国与墨西哥的战争中指挥一支有 27 艘舰船的舰队。他曾负责美国第一艘蒸汽舰“密西西比”号的建造，并在海战中首先使用蒸汽舰，被称为“蒸汽舰之父”。蒸汽舰的两侧装有巨大的明轮，靠明轮击水提供前进动力。不过当时的蒸汽舰还不是铁甲舰，动力是蒸汽与风力并用。

当时日本对西方的了解也主要是通过荷兰，在西方国家中只有荷兰人可以在日本的长崎经商。荷兰人每年要向幕府提供汇集海外情报的“风说书”。在美国舰队来日本的前一年，荷兰驻长崎的商馆馆长已向日本通报美国将派遣使团来日，并劝日本政府采取“变通办法”，允许其他国家也可以在长崎通商。但负责对外交涉的长崎奉行不以为然，断定“荷兰商馆馆长实为贪婪之徒”，目的是想扩大对日贸易，而且“实无美国来航之事”。当时在日本有一个去过美国的日本青年渔民叫中滨万次郎。中滨万次郎 16 岁时出海所乘渔船遭台风袭击沉没，在海上遇美国捕鲸船被救，去了美国。他后来在美国上学，成为捕鲸船的副船长。中滨万次郎又去加州淘金，发了财，搭乘美国船转道琉球回国。他回到日本后，与作家、画家合作写了一本记录他在“蛮夷”之地所见所闻的书。中滨万次郎认为美国舰队要来的消息是真的，最好还能借此机会改变日本的锁国政策。

1853 年 7 月 8 日，佩里率领一支有 4 艘军舰（其中 2 艘为蒸汽船）的小舰队到达日本。时值梅雨季节，晨雾弥漫，伊豆半岛的山脉与富士山渐渐进入视野。大约下午 4 时，舰队在江户湾（今东京湾）的浦贺港抛锚。由于佩里舰队的船身都漆成黑色，又因烧煤会冒出漆黑的浓烟，所以被岸上观看的日本人称为“黑船”。

顿时，报警的寺院钟声敲响，浦贺的老年妇女合掌向神社祈求，再来一场“神风”把美国舰队冲垮淹没。据当时人的记载，在江户“这个百万多人的城市的所有街道上，战马驰骋，武士吆喝，车声辚辚，烽火员列队行进，警钟齐鸣不已，妇孺凄厉哭喊，全城陷入一片慌乱之中”。当天晚上，典当商和放债人给希望逃到乡间的富豪兑换现钱，手续费

图 7–3　日本画中的美国“黑船”

收得很高。在几百里外的京都，孝明天皇通过信鸽也已得到美国人到来的消息。

海面上，日本巡逻船团团围住美国军舰，日本人抓住舰上的缆绳往上爬，美国水兵则摇晃缆绳，使日本人纷纷落水。浦贺奉行所的接待官员开近佩里的旗舰“萨斯奎哈纳”号舷侧，出示卷轴“立即离开”的标语（据佩里说是法语），佩里没有理会。为方便语言的沟通，佩里事先已做了准备。他派船去澳门请来在中国传教的卫三畏担任汉语和日语翻译，波特曼担任荷兰语（这是日本人唯一能懂的西方语言）翻译。卫三畏是美国人，英文名为塞缪尔·威廉斯，20 年前来中国，后来成为一个汉学家，回国后在耶鲁大学教汉语。他的汉语是向一个叫罗森的广东人学的，这次罗森以卫三畏中文秘书的身份也出现在佩里的舰上。卫三畏会的一点日语是十年前向日本漂流民学的，程度不高。双方接触时，先由卫三畏用日语向日本巡逻船喊话，但船上的日本人一点也听不懂。这时巡逻船上有从长崎请来的汉语和荷兰语翻译。荷兰语翻译堀达之助用荷兰语喊话，见没有反应就用生硬的英语喊道：“我会说荷兰语。”听到呼喊，佩里的荷兰语翻译波特曼出来对话，双方才开始有了语言交流。以后的交涉主要以荷兰语进行。

经过一段时间的对话，当晚美国人同意自称是浦贺副知事的人和翻译堀达之助上船。实际这个人不是浦贺副知事，而是下级武士中岛三郎助，佩里让副官肯蒂接待。中岛被带到紧邻佩里卧室的海图室，佩里就在隔壁听。中岛询问来航的目的，美方回答是要送达国书。中岛说，按规定长崎是唯一涉外谈判的地点，请离开这里。肯蒂回答，美方选择这里，目的是要会见接受美国国书的日本官员。一时间双方无法谈拢，中岛说要回去商量，就匆匆离去。

夜幕降临，岸上烽火四起。武士们头戴马鬃做的齐肩假发和魔鬼面容的头盔，全副武装从四面八方赶来。第二天清晨，岸上一队队武士身穿宽筒裤、半身和服、罩袍，头顶盘着发髻，在海边操练。他们互相用木棍对击，同时大声吼叫。每过一会儿，他们便暂停练武，成单列沿海滨缓步而行，然后又带着木棍重新集结。天色稍亮时，几只舢板划来，大着胆子靠近美国的舰船，舢板上有一些人在画舰船的外形和船上的设备。这些画几天后被送给幕府的军事专家去研究。

1853 年 7 月 9 日上午 7 时，大舢板把另一名低级官员香山左卫门送来与美方继续交涉。香山举止稳健、彬彬有礼，自称是当地的地方官浦贺奉行。佩里也提高了接待规格，让舰长出面接待。谈判还是不顺利，香山再三强调浦贺不是对外交涉之地，美方应遵守日本国法，将舰船驶往长崎。美方则强调，如果不任命适当人选在当地接受国书，就要“以足够的武力登岸”。香山看到气氛紧张，就要求给他四天时间，让他能请示江户。香山回来后立即报告浦贺奉行户田氏荣。户田当即给幕府写信，报告发生的事。

图 7–4　日本人绘“黑船”甲板上的美国水兵

在江户还没有做出答复时，佩里命令各舰放下驳船，让全副武装的士兵在舰上大炮的射程内对浦贺湾进行测量。日方巡逻船跟随驳船，但不敢动手。“密西西比”号还将测量船送到江户内海的纵深处。香山赶忙来问美方的意图，佩里回答：这次问题如得不到解决，明年春天必将率更大的舰队前来，所以要寻找离江户更近、交通更便利的停泊地点。

美国舰队侵入江户湾内的消息使幕府官员大为震惊，他们通宵开会商议。会议的结果认为，幕府没有实力使其退去，只能暂时屈服。于是决定，任命户田氏荣为全权代表，在当地领受美国国书。

日本开国

1853 年 7 月 12 日早晨，户田氏荣收到要他接受国书的训令，立即让香山左卫门去美国军舰上送信。7 月 14 日是双方约定的送交国书的日子。日方前两天就在海湾搭建接待用的临时建筑。日方工匠还一直忙于遮蔽岸上的简陋防御设施，用竹竿撑起画有图案的布幔，上边写着各藩武士杀气腾腾的决斗书。附近各藩的大名派了几千名武士担任警卫。佩里挑选 300 名水兵准备上岸。当蒸汽舰船驶近时，香山等人前去迎接。

14 日上午 11 时，美国水兵分乘 13 艘驳船向岸边驶来，乘坐先头船的舰长先跳上岸。他让陆续上岸的官兵还有军乐队排列整齐。佩里在鸣响 13 声礼炮后离开旗舰。他上岸后，手持国旗、将军旗和国书的水兵、幕僚跟随其后。美方舰上做好了直接开炮的准备，而日方下令不准子弹上膛，火绳枪也没有备火。

接待室的厅堂挂着紫罗兰色的丝质帷帘，饰以一串串垂花流苏。日本代表跪坐在垫着红毯的坛座上，对面摆放了从寺院借来的椅子，给美国人坐。看到佩里进来，日本代表站起来鞠躬迎接，佩里致谢后坐在椅

图 7-5　日本绘画中描述的佩里舰队水兵登陆上岸

子上。翻译堀达之助先问国书准备得如何，佩里命令水兵拿出国书。放国书的盒子是用紫檀木做的。两个黑人水兵打开盒子，将国书放在日方准备好的朱漆器物上。交接仪式很简单，日方连茶水都没有准备。在场的卫三畏对日本人的印象是："他们身披锦缎做的短斗篷，佩带着两柄长剑，却裸露着双腿，脚上穿着分出大脚趾的棉袜，上下极不协调。"他还根据自己的观察将日本与中国做了一番比较："他们的行动很不自由，也没有中国人那样有灵性。不过，与中国人相比，他们有着更强的进取心和好胜心。当这两个民族都认识到与别国进行交流的重要性以后，很可能日本人会在世界上为自己谋取到更高一点的地位。"交接仪式结束后，佩里表示马上要出发，他会在明年春天率更多的军舰来日本听候答复。

14 日午后 1 时左右，美军水兵按照部署将舰船开往浦贺。负责联络的日本人被邀上舰参观。他们仔细地看了枪的构造。香山也是参观者，他对蒸汽机和船上的机器感兴趣。佩里舰队并没有立即离去，而是向日本内海开进，理由是要为明年再次来航做准备。陪同的香山尽力劝美舰早点离开，还送了礼物给佩里。佩里回赠了化妆品、点心和酒，说是送给他妻儿的。香山听从劝告，把佩里送的礼物都烧了，但他还是遭到同僚的忌妒，日后受到降职的处分。7 月 17 日，佩里率舰队离开江户湾，紧张的空气才缓和下来。

佩里舰队离去后，60 岁的幕府将军德川家齐因过于忧虑得病而死，年轻将军接任，实权掌握在高官阿部正弘手中。阿部深感“黑船”事件棘手，觉得需要广泛征求意见。他征询了国内 59 个有势力藩主的看法。这些人大多反对日本开港，觉得必要时不惜一战。另外一些人态度缓和一些，建议先与外国通商一段时间，等日本掌握了西洋技术后再说。阿部倾向于后一种意见。

图 7-6　19 世纪所绘德川家齐像

几个月后，佩里于 1854 年 2月13 日率 9 艘“黑船”（其中 3 艘蒸汽船）再次来到日本，进入江户湾，在小柴海面停泊。幕府方面最初要舰队开往浦贺，遭到拒绝。幕府希望接待地点最好离江户远一些，佩里则要求靠近江户。

最后双方同意将接待地点定在横滨（神奈川的行政和经济中心），日本方面由学问所（负责培养官员的机构）的首领大学头林复斋为全权代表。

图 7–7　佩里第二次叩关图，约绘于 1854 年

佩里发现这次受到的接待比上次要友好得多，常有酒宴款待。据说阿部正弘本人和天皇派来的朝臣穿上便服，冒充幕府普通官员来到谈判会场，以便就近观察。初次会谈时，佩里首先提出日本对待漂流民的处理问题，说是日本不仅不救助别国的遇难船只，还扣押别国的漂流民，甚至不接受送返的本国漂流民，实在是“不仁之至”。佩里还威胁道，日本如不接受美方要求，美国将于 20 天内在日本近海集结 100 艘军舰，对日本开战。这是纯粹的恫吓威胁。林复斋反驳说，佩里所说的日本诸多恶行都是“传闻之辞”。谈判第一天，佩里递交了美方草拟的条约草案，内容除救助美方海难漂流人员外，多是与开港和通商有关的条款。日本的态度是可以开放一两个港口，但对通商有所保留。

佩里还带来了展示西方工业文明的礼物，其中有蒸汽火车模型和电报机。电报机连接电报线，可以当场表演拍发电文，翻译电码。蒸汽火车模型与毛驴的大小相当，后面拖几节车厢，在一段环形铁轨上开动。佩里让人把火车安装在谈判大厅旁，日本人在谈判休息时喜欢像骑马一样骑这台机车玩耍。阿部正弘和朝廷官员都玩了“骑火车”的游戏。最受欢迎的礼物是美国人科尔特发明的转轮手枪，每个日本人都想要，总共送出了12支。日本方面则组织了相扑表演，用身材肥硕的相扑手来显示力量。而在看表演的美国人眼中，相扑是个“挤推、叫骂、拉扯、呼喊、扭打和蹦蹦跳跳的玩意，但看不出他们要干什么”。中国人罗森

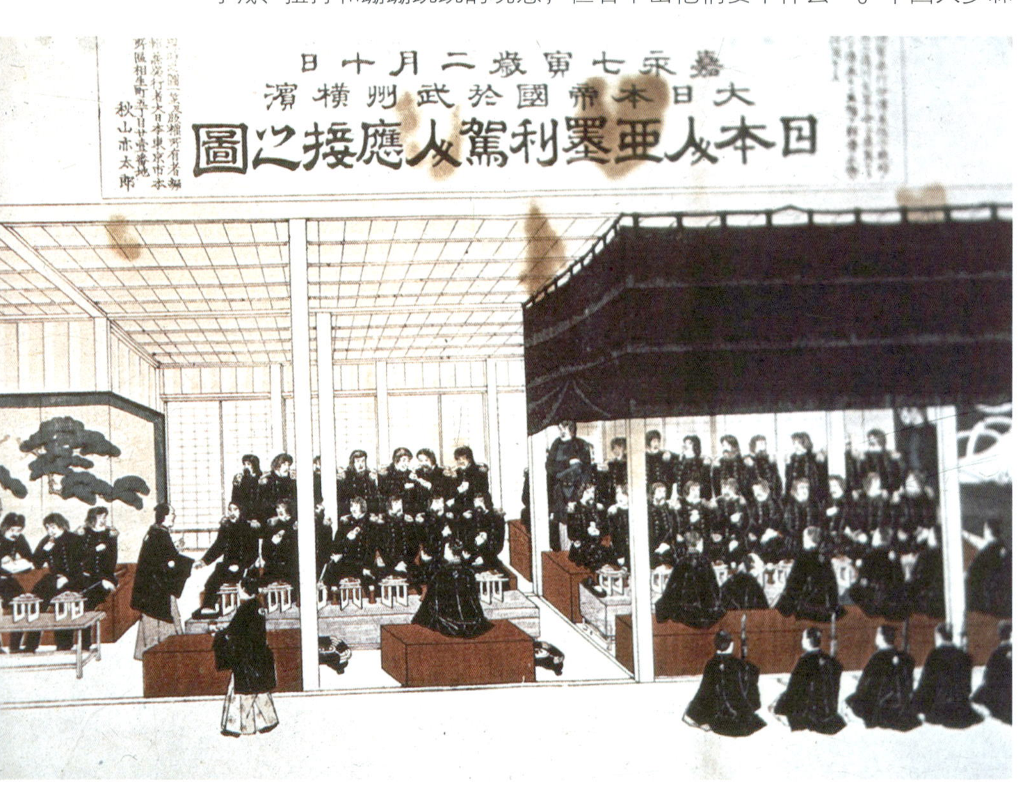

图 7-8　1854 年佩里与日本官员在横滨谈判

也有事做，他喜欢在日本人的折扇上题诗。曾去过美国的中滨万次郎也来到谈判现场，但他没有出面，在一间屋子里负责审核条约文本。

经过 6 周的谈判，日本幕府同意了佩里提出的要求。1854 年 3 月 31 日，双方签署了《日美亲善条约》（又称《日美神奈川条约》）。条约规定：日本向美国开放下田、箱馆（今函馆）两港口，美国船只可以在这两个港口加煤加水，补充粮食物品。美国派领事驻在下田。不久，其他西方国家也争着来与日本谈判，签署了类似的条约。从此日本被迫打开了国门。

偷渡未成

按照约定，下田应立即向美国舰队开放。在签署条约 18 天后，佩里率舰队驶向下田港，获准上岸。上岸的外国人获得了一个近距离观察日本人生活的机会。佩里舰队中聘请了一个专业画家，他就是德国人海涅。海涅去了下田男女混浴的澡堂。他写道："澡堂本身就是公共场所，男女老少混杂在其中，人声嘈杂……即使有外国人进来，这些一丝不挂的人也不会乱作一团。即使因为一个外国人进来，有一两个女客慌张地跳进浴池溅起了水花，或是蹲下身来像维纳斯一样做出用手遮住下身的姿势，最多也只是引起其他浴客略带夸张地喊叫几声而已。"让海涅更觉得惊奇的是日本人洗澡用的水极烫。一个男子泡在水里，木桶里热气弥漫，身体仿佛成了煮熟的螃蟹，还有人在不断加火，而浸在热水里的男子看上去非常享受。

这时在下田还发生了日本人想搭佩里舰队的船偷渡未成的插曲。一天深夜，有两个日本人来到佩里的旗舰"波瓦坦"号，要求搭乘美国船偷渡出国，其中一人就是吉田松阴。吉田少有救国大志，很关注外国事

图 7-9 日本男女混浴的澡堂

务。在佩里舰队第一次来日本时，吉田就连夜赶到浦贺，探听敌舰的动向。他还考察了附近的几座炮台，据他的看法，这些炮台“位置不行，一无适用”。当时与他在一起的有不少关心国事的慷慨之士，也像他这样观察敌情和当地守备，“恶彼悲此，悲愤兼至，逗留至九日”。吉田知道光是悲愤也不行，还要多了解外国的情形，就想投奔停靠在长崎的俄国军舰。但在吉田到达长崎时，俄舰已开走。

当佩里舰队再次来日本时，吉田认为当务之急是“以彼进步之术为我物，以此为伐彼之谋”。他决心向外国学习，认为最好是偷渡到海外，以学习外国的“进步之术”，为日本所用，所以他带着一个学生赶到下田。他们在下田海岸徘徊，日夜等候美国军舰。至 27 日恰巧有美国人上岸，他们就把用汉文写的“投夷书”交给他。半夜时分两人摇着渔船摸黑出海，中途橹柱损坏，便用裤腿将橹系在左右舷上，摇船前进。后来裤腿断了，再使用带子，吃尽苦头总算到了“密西西比”号边上，但船上的人不准他们上船，命令他们到旗舰“波瓦坦”号。于是他们只好继续和波浪搏斗，好不容易来到“波瓦坦”号的绳梯下，但水手不准他们上船，试图用木棒击退小船。两人费力爬上绳梯进入船内。

会点日语的卫三畏出来接见，将他们引进舱内，取出早上吉田送出的“投夷书”，两人承认是他们写的。接着卫三畏开始与他们交谈。据吉田回忆，卫三畏说的日语语速很快，但他的听力很差，双方交流非常吃力。

卫三畏先说：“此事只有大将（指佩里）和我知道，别人一概不知。大将也为你们的诚心而高兴，但美利坚大将和林大学头已在横滨签订日美协定，故我难以答应你的请求。可稍等一下，不久美国人来日本，日本人到美国，两国往来如同一国，那时可来。”

图 7-10　伊藤博文像

吉田松阴决绝地回答：“我夜里到贵船为国法所禁，现在回去本国人定要杀我，势不可还。”

“乘夜回去本国无人知晓，应立即回去。将此事告知下田的大将黑川嘉兵，若同意则美利坚大将能带去，不允许便不能带去。”

“那么我们可以留在船中，由大将代我们与黑川嘉兵联系。”

“这样做很困难。”

卫三畏反复说着这些话，催促吉田他们回去。最后吉田和学生被送回陆地，两人找不到来时坐的小船，一切行李物品全部丢失，只得在海边等到天亮。两人商议，事已至此，与其被捕不如自首，于是一同到下田官府投案自首。吉田坐了一年牢，出狱后在家乡松下村办了私人学校“松下村塾”，培养出不少人才。明治维新的功臣高杉晋作、伊藤博文、山县有朋等人都是他的学生。

吉田偷渡一事说明当时美国与日本签订的合约，在日本和美国双方均有一定的约束力。尽管这种约束力不能改变日本国门被美国打开的结局，日本此后将面临与列强艰苦卓绝的抗争并走向自强。但令列强无法预料的是，这个国家很快加入了他们的行列，给世界带去了深重的灾难。

从世界历史看鸦片战争

文｜天津师范大学历史文化学院　李友东

1840 年 6 月 16 日，伴随着西南季风，英国派出的“东方远征军”开始陆续到达珠江口外的海面。6 月 21 日，英国侵华远征军海军司令

图 8-1　爱德华·邓肯 1843 年绘《击毁中国水师帆船》，记录了中英第一次鸦片战争中的场景

伯麦乘坐的、拥有 74 门火炮的旗舰“威里士厘”号抵达澳门附近的海面。22 日，当最后一批“东方远征军”就绪，伯麦从“威里士厘”号发出公告：“奉女王陛下命令，从本月 28 日起，对广州入口所有河道港口一律予以封锁。”第一次鸦片战争由此爆发。

当年曾经被英军封锁过的海面，如今已经建成了一座绵长而优雅的虎门大桥。在大桥的两侧，还散布着蛇头湾炮台、威远炮台、镇远炮台、清兵营房旧址等遗迹。那些沉重的铁炮静静地站在厚厚的城墙后面，俯瞰着当年曾受到英国舰队攻击的地点——英国铁炮轰击处。如今，这里已经建成停车场，接送来自世界各地的游客缅怀历史。

因为惨痛，中国人对这场战争的记忆是深刻的。但这场战争的制造者英国人，对战争的发生选择了轻描淡写。在英国课堂中，虽然也讲述殖民主义的历史，但其讲述的角度是说，大英帝国是如何作为“文明”的化身，向世界上大部分地区传播“进步”的，从来没有让英国人了解他们为了闯入中国这片文明的土地，是如何使用了鸦片，还曾经为了贩毒而占据了香港。

站在今天，当我们看到美国在南美洲丛林里展开禁毒战争，菲律宾杜特尔特对毒贩毫不留情打击时，我们也会困惑：作为一个自我标榜“文明”的国家，英国是如何以一个国家的身份，想到要在当时的双边贸易中贩毒的？19 世纪的鸦片究竟算毒品，还是药品？以及这场以国家为主角的贩毒与禁毒战争，对英国与中国的影响究竟是什么？

从药品变为毒品的鸦片：世界史的全球化与工业革命

鸦片并非由英国传入中国，而是世界历史全球化的产物。公元前 3400 年，两河流域的苏美尔人发现了罂粟花，知道了其药用价值，将其称为“欢乐植物”。此后，罂粟在西亚、北非流传开来。到公元前5世纪中期，鸦片传入希腊。被称为“西方医学之父”的希波克拉底认为此药具有“麻醉剂和镇痛剂”的作用，将其用于治疗妇科疾病、流行病和内科病。5世纪时，鸦片由阿拉伯商人作为药物传入中国。此时，鸦片在世界范围内，仅仅被当作药片使用，在已知的医学文献记载中，15世纪以前未见使用鸦片上瘾的记录。

鸦片从药品变为毒品是新航路开辟之后的结果。16世纪，葡萄牙人从印第安人那里学会了如何吸烟后，殖民者中有人开始尝试将烟草与鸦片混合吸食。到17世纪时，鸦片开始跳出“药物”范畴，成为一种让吸食者迅速沉迷其中、可以“寻找梦幻般的欢乐”的毒品。

图8-2 希波克拉底塑像 彼得·保罗·鲁本斯塑

显然，第一批鸦片上瘾者是西方人，英国人也在其列。维多利亚时代，鸦片在英国并非管制药品，而是一种很容易合法获得的“日常药品”。人们可以在没有处方的情况下，任意购买鸦片、可卡因，甚至砷。鸦片制剂在城镇和乡村的市场上，可以自由公开销售。在1899年阿司匹林出现之前，鸦片是当时英国最常用的止痛剂。当时的医学理论，还没有形成人可能会对某种治疗或某种药品“上瘾”的观念。

1756年占领加尔各答后，英国一直积极鼓励当地种植罂粟，并输送至英国国内。因为工业革命为鸦片和其他麻醉品的使用提供了巨大需求。当时最流行的鸦片制剂叫作Laudanum，这是一种含有10%鸦片的酒精草药混合物，被称作“19世纪的阿司匹林”。在当时，它是一种广受欢迎的止痛药和松弛剂，医生将它用于治疗各种疾病，如咳嗽、风湿等，常用于妇科病和儿科病的“治疗”。而且此药最大的“优点”是价格便宜，1便士可以购买20滴或25滴，穷人也能负担得起。维多利亚时代的知名人士都曾使用Laudanum作为止痛药，如查尔斯·狄更斯、伊丽莎白·巴雷特·布朗宁、塞缪尔·泰勒·科里奇、伊丽莎白·加斯克尔、乔治·艾略特等。

图8-3 查尔斯·狄更斯1858年在书桌旁像

除了Laudanum，英国19世纪还流行一种治疗咳嗽的混合食谱：将两汤匙的醋、两汤匙的糖和60滴Laudanum混合，早晚各服用一汤匙。还有很多被称作“妇女之友”“妈妈之友”的鸦片制剂，被医生广泛地用于治疗月经、分娩，还用于治疗一些女性心理疾病如歇斯底里症、抑郁症和晕病等。为了能够让孩子们安静睡眠，还有两种由鸦片、水和糖蜜组成的名为Godfrey的Cordial（也称为“妈妈之友”），医生会推荐用于治疗儿童腹痛、打嗝和咳嗽等。这两种混合物导致了工业革命时代许多婴儿和儿童的严重疾病甚至死亡。

维多利亚时期是英国城市急剧扩张的时期。城市的基础设施建设跟不上农村人口拥入城市的速度，城市生活水平普遍较差。鸦片制剂在一定程度上成为工人家庭聊以度日的安慰剂。生活条件较好的英国工人偶尔可以购买一点面包、茶、牛奶、鸡蛋和一瓶朗姆酒。但经济萧条时，大量工人失业，他们的家庭生活水平急剧下降，忍饥挨饿成为工人家庭的常态。在这种情况下，便宜的鸦片制剂顺利进入工人家庭，它不仅可以帮助男人忘记他们可怜的处境，还可以让缺少食物的孩子沉沉睡上几个小时，减少他们因饥饿而出现的哭闹。在英国兰开夏郡的工人中普遍存在着吸食廉价鸦片的习惯，这在各种文学作品中都有提及。托马斯·德·昆西1821年写成《一个鸦片吸食者的忏悔录》，其中已经注意到：吃鸦片的人，要比想象中多得多。访问曼彻斯特时，几个棉花工人告诉昆西，吸食鸦片已经成为某些工人的习惯。对低工资的人来说，这是一种比喝啤酒或烈酒更便宜的方式，非常受欢迎。

图8-4 托马斯·德·昆西像

维多利亚时代，英国社会对待鸦片的态度很复杂。从19世纪中期开始，医生就已经关注到，滥用Laudanum导致上瘾，病人出现了各种症状：先是兴奋，而后是忧郁、多话和烦躁不安。如果停止服用，则会有疼痛和抽搐、恶心、呕吐和腹泻。1868年“药剂法案”规定，只能由注册药剂师出售鸦片制剂，以控制其销售和供应。但由于没有规定药剂师出售鸦片制剂的上限，所以当时的禁烟效果微乎其微。英国社会各个阶层对待鸦片的态度也不一致：中上阶层指责下层阶级“滥用药物”，而认为自身使用“鸦片制剂”只不过是一种“习惯”。

现在，西方公众持有东方人喜欢吸食鸦片的印象，这并非历史的事实。这种“刻板印象”主要是由英国街头小报和一些小说家塑造出来的。19世纪末到20世纪上半段，特别是在第一次世界大战后，英国街头小报的故事中常见到的一种故事情节是：伦敦剧院的女歌唱演员以及舞厅里的下层舞女，受到了黄种人和黑种人的阴谋诱惑，最终死于鸦片这种具有“异国情调”的药物上。萨克斯·罗默等人塑造了邪恶的大反派傅满洲博士和詹姆斯·莫里亚蒂教授等丑化亚洲人的角色，在这些系列小说中，中国人常以大反派的身份，密谋向英帝国中心输入毒品，以威胁帝国的统治地位。这些颠倒黑白、混淆事实的小说，在信奉种族竞争和种族决定论的欧洲颇有市场。

英国发动鸦片战争时的世界局势

1776年，亚当·斯密出版了《国富论》一书。亚当·斯密认为，在自由贸易下，英国将会获得繁荣，因为“少量的工业产品就能够购买大量的初级产品……一个没有贸易和工业的国家，通常将被迫用大量初级产品从其他国家购买少量的工业产品”。可以说，亚当·斯密发现的，是新兴工业国崛起的一个关键秘密，即工业经济的大规模发展，一旦与巨大的国外市场相联系，将会给国家带来巨大的利益。亚当·斯密的这一思想，让他成为第一位“自由贸易帝国主义”思想家。除亚当·斯密外，大卫·李嘉图、边沁也持相同观点。“贸易立国”的思想，成为此后法国、德国、美国、日本等强国兴起的不二法则。

英国的统治阶层信奉这样一个原则：世界市场的“自由贸易”法则，其权利要大于某一国主权。由自由贸易产生的积累体系，是英国维持世界秩序的基础，因此，他们不遗余力地维护这一体系。这与20世纪后半期美国干涉他国内政时所打出的“人权高于主权”的幌子相似。通过“贸易至上”的原则，英国在19世纪的国际体系中大大扩展了它的权力。通过在印度次大陆及各殖民地榨取的劳动力、自然资源，英国以“自由贸易”手法确定支付手段，通过工业革命后巨大的生产力和丰富的产品，其支配世界的权力得到不断再生和扩展。

图8-5　18世纪的亚当·斯密画像

这种“贸易至上”原则，并不建立在绝对公平的基础上，它需要强大的军事实力来支撑。1815年，英法战争以拿破仑被流放到圣赫勒拿岛、英国取得胜利宣告结束。这标志着从1588年击败无敌舰队开始，英国的崛起过程终于完成。此后，英国通过维也纳会议，在欧洲大陆力推被称为“欧洲音乐会”的制衡与均势战略，用来限制欧洲各大国的野心和主张。1830年，英国推动比利时独立，以保证欧洲各强国无法拥有侵略英国的陆地平台。这一情况，直到1914年德国入侵比利时才被打破。通过持续200多年的战争，以及在外交上的纵横捭阖，英国在19世纪30年代建立起“日不落帝国”，伦敦成为遍布非洲、美洲和太平洋这个广袤帝国的政治、经济和金融中心。正是通过工业革命、自由贸易、金融创新、外交战略和强大武装，英国成为当时世界上最富有也最强大的国家。

但作为“日不落帝国”的英国，要想在全球建立“自由贸易”秩序，不可能没有挑战者。最先挑战英国“自由贸易”政策的是法国。1838年，法国对墨西哥实施了海上封锁。此前，墨西哥为寻求独立，曾向英国人出售了大量国债。法国的这一封锁影响到墨西哥人的国债偿还能力。英国觉得自己的“自由贸易”国策受到了严重威胁，对法国提出抗议。但当时的英国首相帕尔默斯顿担心会引发新一轮欧洲战争，采取了对法国的温和政策。同年，法国又在海上封锁了阿根廷的布宜诺斯艾利斯。英国在阿根廷同样有重要的商业利益。早在1825年，阿根廷便与英国签署条约，保障了英国的商业地位及商人权利，免除了英国商人到阿根廷军队服兵役的义务。法国在试图获得同等特权却遭拒后，对阿根廷采取了封锁策略。权衡再三，帕尔默斯顿又一次选择了退让。

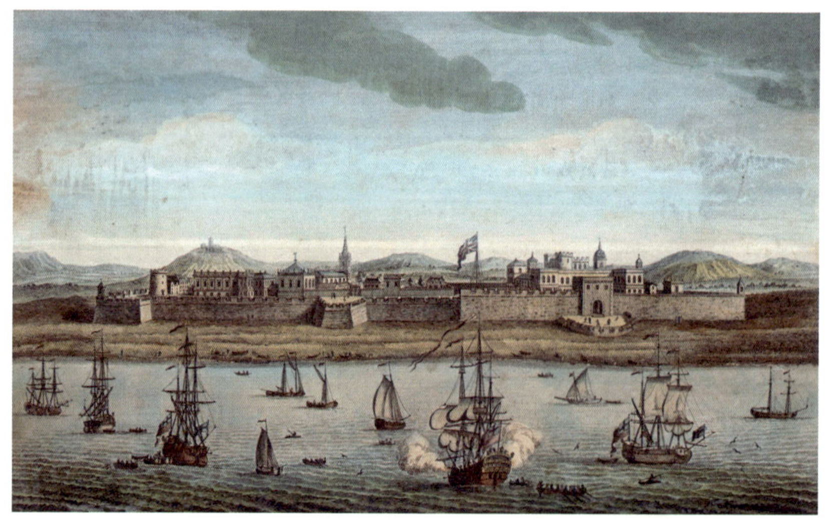

图8-6 简·范·赖斯1754年绘《金奈堡垒》，堡垒由英国人在印度马德拉斯（金奈）建立

法国之所以如此强硬，与法国熟知当时的国际局势发生了不利于英国的急剧变化有关。19 世纪 30 年代，奥斯曼帝国摇摇欲坠，俄国年轻的沙皇尼古拉斯一世企图在波斯、高加索及远东扩张俄国的疆域。1837 年，俄罗斯入侵阿富汗。穆罕默德 · 阿里在埃及也发动了起义。这些变化威胁到了英国“皇冠上的明珠”印度的稳定。印度为英国提供了众多的财富和资源，成为当时英国发展的倚重区域。当时的英国，若想维持中东的稳定，离不开法国的支持。法国也深知这一点，于是趁机向英国的“自由贸易”秩序提出了挑战。

除了法国和沙俄外，在遥远的东方，英国还有一个挑战者。在鸦片战争以前，东方有这么一个国家，它拥有“庞大国土规模，丰富财富、奇特壮丽文化，对外界充满傲慢优越，将自己视为世界中心”，其存在本身也对这个“自由贸易”秩序发起了挑战。这就是清朝统治时期的中国，时称“大清国”或“清帝国”。

在英国政府看来，与法国和沙俄的战争威胁相比，向中国发动鸦片战争，是一个边缘的、非关键威胁的事件。这正是英国政府为发动“远征”而犹豫不决的原因；但也正因为其“边缘”，却也能为英国提供一个展示武力的机会，以此来证明自己在捍卫“自由贸易”政策方面的强硬和坚决。

毒品“自由贸易”取代对东亚朝贡体系与丝路贸易网

东亚的国际贸易秩序，到 18 世纪 70 年代仍旧由中国掌控，采取的是传统的朝贡贸易方式。而英国、荷兰、法国等新兴欧洲列强，试图通过欧洲股份制贸易公司如英国东印度公司和荷兰东印度公司等，扩大亚洲的贸易网络。但在进行贸易的过程中，欧洲发现，在与中国的交易中出现了严重的贸易失衡。欧洲消费者对中国丝绸、瓷器和茶叶需求量很大，而中国对欧洲所制造的商品不感兴趣。由于所有中欧贸易结款必须使用白银，英国很快就在与中国之间的交易中出现了严重的贸易赤字。更为严重的是，英国国内没有白银供应，不得不从墨西哥或欧洲其他国家购买白银来填补白银需求的空隙。越来越多的英国人对茶的渴望，令贸易的失衡日益突出。

19世纪二三十年代英国对中国茶叶的消费量出现了巨额增长。1644年，英国可能只进口了2磅2盎司中国茶叶。但1784年到1785年，英国进口茶叶量已经超过1500万磅。此后，随着英国茶叶关税的大幅降低，到19世纪30年代初，英国进口茶叶量再翻一番，达到了3000万磅。考虑到东印度公司直到19世纪20年代才开始种植茶叶的事实，以上

图8-7　1795年所绘位于印度西孟加拉邦的东印度公司工厂

这些茶叶几乎全部由中国输出。因为，东印度公司直到 1858 年才开始将印度茶运往伦敦。仅在 1811 年至 1819 年，英国从中国就进口了总额超过 7200 万镑的茶叶，约折合现代货币 24 亿英镑。

茶叶对 19 世纪早期的英国如此重要，以至英国立法规定，东印度公司必须有一年的茶叶库存。英国财政从茶叶贸易中受益。19 世纪 30 年代，伦敦政府从中国进口的产品中获得了 420 万镑的关税收益，约折合现代货币 1.84 亿英镑，茶叶占据了其中的一大部分，约合 350 万镑，约折合成现代货币 1.53 亿英镑。来自中国茶叶贸易的关税收入，在当时可能高达英国政府总收入的 10%。

英国政府税收是有了，但从全国情况来看，与中国的巨额贸易逆差使得英国必须面对大量白银外流的问题。但英国制造的棉、羊毛以及铅制品，中国都能自给自足，兴趣不大。时间久了，英国商人开始动起了歪脑筋。

19 世纪初，在清政府眼中还算“安分守己”的英国东印度公司开始秘密向中国走私鸦片。鸦片销售量的惊人增长是英国对中国贸易“全面重新配置”中“最具戏剧性的特征”。很快，中国出现了第一批吸食鸦片上瘾者。俞蛟《梦厂杂著》中记载了吸食鸦片上瘾的人的情况：“瘾至，其人涕泪交横，手足委顿不能举，即白刃加于前，豹虎逼于后，亦唯俯首受死，不能稍为运动也。故久食鸦片者，肩耸项缩，颜色枯羸，奄奄若病夫初起。”

清政府对于鸦片的危害是存在清醒认识的。早在雍正七年（1729），雍正皇帝便因鸦片问题下谕旨，禁止贩卖鸦片、禁止开设鸦片烟馆。但基于治疗需要，当时不禁吸食、不禁鸦片的进口。嘉庆元年（1796），嘉庆帝登基后不久便发布诏令，停止征收鸦片税，禁止鸦片进口，禁止内地种植罂粟，禁止吸食鸦片，严惩失察官吏，吸食鸦片的官员加等治

图 8-8 1853 年印刷品中所绘的白罂粟

罪。道光元年（1821）后，道光皇帝每年都会颁布禁烟谕令，要求内禁与外禁并行，并第一次对在禁烟中失察的官员进行了惩罚。这一切都发生在英国偷偷向中国输送鸦片之前。

1833 年，英国国会结束了英国东印度公司对中英贸易的专营权。1832 年 7 月 1 日，怡和洋行，一个普通合股公司，在中国广州成立。其创始人是威廉·渣甸和詹姆斯·马地臣。这个洋行中文名叫“怡和”，却绝没有给中国带来“快乐融洽”，反而成了推动英国发动鸦片战争的罪魁祸首。作为东印度公司的主要代理商，怡和洋行抓住“机会”，迅速填补了东印度公司留下的“真空”地带，变成了亚洲最大的英国洋行。它参与的对中国贸易，主要以鸦片买卖为主，当然也有茶叶的贸易。

1839 年，林则徐在广州禁烟时，渣甸亲赴伦敦游说英国政府与清朝开战，并力主英国从清朝手中取得香港来作为中英贸易的据点。渣甸和马地臣两人从不认为自己在道德上有任何瑕疵。渣甸认为，药物滥用是买方的错，并不是卖方的错。马地臣则声称，他从不知道这种药物是否在破坏生命。由于他们在鸦片贸易中起主导作用，他们还曾成功游说英国政府发动对华鸦片战争，这些都说明，渣甸和马地臣需要对鸦片战争的爆发负直接责任。

图 8-9　1839 年所绘清朝林则徐禁烟图

当然，鸦片战争的爆发，仅仅依靠渣甸和马地臣的游说是不可能成功的。溯查历史，1839 年 1 月，渣甸离开中国，9 月到达伦敦。9 月 27 日，渣甸见到了英国外交政策的掌舵人帕尔默斯顿。渣甸请求英国政府派遣一支军队到中国，赔偿被没收的英国人的财产，并与中国缔结一个商业条约。帕尔默斯顿有所推辞，认为中国海岸线漫长，港口众多，难以封锁。面对帕尔默斯顿的犹豫，渣甸改变了自己的谈判策略，他不再要求英国政府保护他们的商品（里面当然包含大量的鸦片）和扩大与中国的贸易，转而强调清朝政府的禁烟是对英国“自由贸易”政策的抵制，英国需要通过与中国签订商业条约来更好地保护自己商人的利益。这种说法打动了帕尔默斯顿，因为他是坚定的“自由贸易”政策的信奉者。帕尔默斯顿答应渣甸在内阁会议上讨论此事并在会后答复渣甸。

1839 年，林则徐主持广州禁烟运动时，帕尔默斯顿所在的、主张“自由贸易”政策的辉格党正遭受到英国保守派的强烈攻击。保守派认为，正是辉格党政府的软弱，造成了英国在国内外的普遍困境。当时的英国政府，面临重重危机，除了来自法国和俄罗斯的威胁外，还正面临着下列问题：1836 年至 1848 年英国工人为获得普选权而掀起的宪章运动；爱尔兰对《1800 年联合法案》的反抗；加拿大和牙买加密谋叛乱也威胁到了英国以国教宪法为基础的 1839 年教育改革等。

图 8-10　1848 年英国宪章运动中的游行示威人群

为了显示自身的实力，帕尔默斯顿为首的辉格党决定，通过向清朝宣战来展示英帝国捍卫“自由贸易”政策的决心。1839 年 10 月 1 日，内阁会议召开，帕尔默斯顿向内阁介绍了最近的国内外事态进展情况，并提出了他的干预方法：派一支小的舰队，两艘护卫舰和一些小的武装船只以及两艘至三艘蒸汽船，封锁从北京到广东的整个海岸线。对这个计划，英国内阁当时并不自信，尤其是内阁成员强调英属印度并无可派之兵之后。

当 1840 年 6 月这支小型舰队到达中国广州附近，发动战争后，事实很快证明，这是一场力量悬殊的战争，这一点既有些出乎英国人的预料，又有些历史的必然，因为英军舰队使用了当时世界上的尖端武器：1807 年刚刚在世界上实验成功的蒸汽轮船在鸦片战争中得到使用，并显示出威力；钢铁、蒸汽和现代开花炮弹的组合使用，发射圆锥形弹丸的线膛后装步枪、线膛后装火炮以及便于浅水航行的蒸汽炮艇等的使用……这些让用鸟枪、抬枪和发射球形弹丸的前装炮甚至仅装备冷兵器的清军损失惨重；清朝露天式的炮台，完全经不起侵略军的炮火轰击。在清军尚不知什么是开花炮弹、后装步枪和火轮船时，这场战争的结局就已经清晰明确。

从参加过鸦片战争的英方士兵的回忆录中，我们可以看到海上进攻和陆地进攻战场态势一边倒的状况：

英国的战舰也排成一行，离山脚和码头约二百码远，它们的左舷的全部舷炮都指向城镇。舰队包括“威里士厘”号，炮七十四门；“康威”号和“鳄鱼”号，炮二十八门；“巡洋”号和“阿勒琴”号，炮十八门，和十艘双桅炮船。上午八时，准备作战的信号旗升起了……二时半，“威里士厘”号向海边的那个圆形小石堡打了一炮。中国舰队、堤岸和小山上的炮台当即一齐开炮还击。于是英舰左舷的全部舷炮向城镇上齐发。从岸上传来的回响是树木的折断声、房屋的倒塌声和伤兵的呻吟声。我们的炮击历时九分钟，但停止后，中国舰队中未被击伤者仍向我们发了几炮。当烟火消失时，一幅大部分被破坏的情景就映现眼前。在这个不久前充满着人的地方，只见到几个负伤者；但在较远的地方，可看见一群群的人四散逃亡。（乔斯林爵士著《在华远征半年——一个军人的几页笔记》）

图 8-11　约绘于 1843 年的《鸦片战争中的战斗》

我军在空旷地带尽速向前进军，越过了域内居民使用的坟地，绕过了许多墙垣，最后在距敌军军营一千码的地方停了下来。这时，我们看到敌军已经从军营出来准备作战，其中有一部敌军驻扎在我方右侧的高山顶上。我们很难正确地估计出敌军有多少人，但大家都认为不会超出两千。……敌军阵中旌旗林立，在阳光下闪闪发光，其中有弓箭手，有手持长矛的兵士，看起来很为奇特，但我坦率地承认，他们的样子是颇为显赫的，我们行军已是相当疲劳，可是我们尽速摆开阵势，这时敌军已经在用抬枪向我军猛烈地开火了……敌军一面射击，一面用令人无法想象的最不调和的恶魔般的声音呐喊着。在过去的一些战役中，敌军的这种喊声曾经起过一些作用，而这一次效果似乎不大。说也奇怪，敌军的枪虽然在我们周围呼呼作响，但收效很小。这时，安脱路忒少校（他曾在宁波被俘过）终于将野炮运到了，他马上向敌军开出数炮。同时我军就进行冲锋，但还未冲到，敌军就掉头逃跑了，这和他们原先的那副勇敢模样完全两样，真叫我们奇怪。他们跑得是那样快，等到我军冲上山顶时，已是影踪全无了。（康宁加木著《鸦片战争——在华作战回忆录》）

鸦片战争成为中国百年耻辱历史的沉重开端：英军以付出阵亡71人、伤400余人的微小代价，取得了消灭清军7100人的战果。蒋廷黻在总结历史教训时说：“鸦片战争的失败的根本原因是我们的落伍，我们的军器和军队是中古的军器和军队，我们的政府是中古的政府，我们的人民，连士大夫阶级在内，是中古的人民，我们虽拼命抵抗，终归失败，那是自然的，逃不脱的。”

图8-12　中英军队的对战，理查德·西姆金绘

鸦片战争对世界历史的影响

跳出中国的视域，从世界历史大国兴衰的规律来看鸦片战争，我们不难看到，鸦片战争是一个新兴工业强国对一个没落的老旧帝国所发起的一场科技实力严重不对等的挑战。对英国来说，这场战争不过是他们维护自己虚伪的“自由贸易”政策中的一个小小环节。这场战争的胜利，对于英国的全球殖民体系并未产生重大影响。正因为如此，英国人现在讲述历史，仍有意无意地遗忘了这一场对中国影响深远的战争。

但对中国而言，这场惨败导致的后果，绝不仅仅是《南京条约》《天津条约》等丧权辱国的条约里那些割地、赔款、开放港口等具体条款那么简单。这场战争将中国带入了长达一个多世纪的历史深渊：东亚朝贡体系当时面临的是群狼环伺的境地，信奉“物竞天择”“弱肉强食”的社会达尔文主义的西方列强，在鸦片战争中发现了中国军事自卫能力薄

图 8-13 《南京条约》签约，约翰·普拉特绘

弱的问题，纷纷加大了对东亚的殖民扩张力度。如果我们追溯历史，不难发现，他们早在16世纪初就已经到达了东亚。曾侵占我国台湾的荷兰，曾占领东南亚的西班牙和葡萄牙，曾被《尼布楚条约》《恰克图条约》暂时阻挡于中国北方边境的俄国……他们从没有放弃过侵略中国的打算，他们已经等了200多年。第一次鸦片战争中清政府的败北，让他们看清楚了当时中国真实的军事实力，遂开始露出他们狰狞的面目。

可惜的是，第一批睁眼看世界的中国人未能清楚掌握“三千年未有之变局”出现的关键因素，一开始仅仅将战争的失利视为夷人船坚炮利的结果。但在仿制英人的铁甲火轮时，他们才发现，在既无“制器之铁”，也无“制器之器”，更不懂“制器之原理”的情况下，在当时的中国仿制铁甲火轮是如何之难。事实上，“现代军事能量不是军事本身，而是整个生存方式的总和，坚船利炮的背后是如林的工厂，轰轰作响的蒸汽机，甚至还有议会里举着拳头的花样，报纸上骂首相的把戏……一切都不是一朝一夕的事”。鸦片战争之后的中国，经过百年的努力实现了国家的独立，又经过几十年的不断学习与摸索发现了西方体系的各种问题，也发现了中国此前那套看似完全陈旧落后的文化中的精髓，开始走上了既肯定自身优势又学习其他国家优势的道路。鸦片战争给中国的记忆是深刻的，中国更应该记住和继承的是中国人民努力从这一阵痛中走出，并不断在总结反思成长中重新屹立于世界民族之林的中国精神。

列宁与克伦斯基：胜利者与失败者

文 | 北京师范大学历史学院　张建华

1917年11月7日（俄历10月25日），停泊在涅瓦河上的“阿芙乐尔”号巡洋舰，向当时的临时政府所在地冬宫发射了炮

图9-1　“阿芙乐尔”号

图 9-2　1917 年 11 月（俄历 10 月），水兵们和赤卫军准备攻打彼得格勒的冬宫

弹，拉开了彼得格勒武装起义总攻的序幕，伴随着赤卫队员们冲向冬宫的呐喊声，俄国十月革命宣告胜利，世界上第一个社会主义的苏维埃政权诞生，从此揭开了人类历史的新篇章。从世界来看，十月革命的意义自不待言，但十月革命对于俄国人到底意味着什么？在 2017 年十月革命胜利 100 周年的特殊年度，俄国国内是怎么样面对十月革命的？这些，或许对俄国人来说更有现实意义，对我们也可以有些参考借鉴意义。

俄罗斯如何看待“十月革命”

十月革命已经过去了百年，人们对它的兴趣随着世界局势的变化而时而加强，时而减弱，但这次对人类历史有重要影响的事件从来没有完全淡出过人们的视野。在苏联解体后，今日的俄罗斯已发展为一个多元社会，对十月革命的认识和评价也存在多种意见。总体上来看，俄国民众对十月革命的认识呈现出两种变化：一、俄罗斯社会对十月革命的评价更加理性了，既不是苏联时代的充分肯定，也不是苏联解体之初的彻底否定了。二、俄罗斯社会对于俄罗斯近现代历史的评价标准和观点更加多元了。

出现上述这两种变化，与下列两个方面的因素有关：一方面是苏联解体到 2017 年已经 26 年了，人们已经能够以一种平常心态看待十月革命；另一方面，人们总是会从现实需求的角度来看待这场革命，也就是说现在的俄国老百姓，对苏联解体后俄罗斯的社会转型、对俄罗斯的社会结构变化以及对俄罗斯的社会资源分配的满意程度，也会折射到他们对十月革命这种重大历史事件的评价上。他们期待像列宁那样、像捷尔任斯基那样的强势人物出现，这某种程度上也符合当今俄罗斯的“新普京主义”——新权威主义。

作为俄罗斯的总统，普京极为审慎地评价了十月革命。2016 年 12 月 1 日下午 1 点到 3 点，俄罗斯总统普京在克里姆林宫面对联邦委员会（上院）和国家杜马（下院）做了三小时的年度国情咨文讲话。自 2015 年以来他一直强调俄国十月革命同先前爆发的二月革命一样，都是“革命”不是“叛乱”。在这次的国情咨文中，他首次将两场革命合称为“大革命”。另外，普京在讲话中强调对俄国革命的评价是一个历史问题，绝对不要把它政治化和当代化。2016 年 12 月 6 日，普京要求总统办公厅成立一个临时工作机构，叫作“十月革命纪念办公室”，专门来组织和管理 2017 年关于十月革命的学术、纪念活动。它与“俄罗斯历史学会”共同主持和处理 2017 年所有的俄国革命纪念和研究活动，而基调就是历史问题不能政治化。

正因为对十月革命的关注，人们也就很容易关注到十月革命之前克伦斯基与列宁的政治角逐。前者是一位温和派的社会主义者，在1917年7月至10月担任俄国临时政府总理。而后者在临时政府被推翻后，成为第一届苏维埃政府人民委员会主席。

列宁、克伦斯基的不同人生轨迹与十月革命的爆发

因为《列宁在1918年》这部电影，中国稍有点年纪的人多数对列宁和克伦斯基这两个人物比较熟悉。电影中列宁的形象是完美的，他作为“革命导师”，性格热情奔放，充满智慧和人格魅力，不乏亲切和幽默；克伦斯基及其所代表的政权，常常是反动的政治形象，克伦斯基本人则是一个拘谨、懦弱、优柔寡断的失败政客形象。

不为一般读者所知的是，列宁和克伦斯基这两个不同阵营的领导人，他们的个人生活有着非常多的交集。两个家庭是世交，两人父辈之间有着非常好的关系。两人曾共同成长，关系非常密切。列宁的父亲伊里英是辛比尔斯克省的教育督学，类似今天的教育厅厅长或省教育督导员。列宁与哥哥亚历山大都是辛比尔斯克省的男子贵族中学的学生，克伦斯基的父亲克伦斯基·费多尔正好在这所学校担任校长，也就是说列宁和哥哥都是克伦斯基父亲的

图9-3 正在演讲的列宁

学生，并且是克伦斯基父亲非常喜欢的两个学生。也因此，众多的西方历史学家和传记作家曾经困惑于这样一个问题：列宁与克伦斯基自童年及青少年生活的社会环境和教育背景曾极其相似，但为何孕育了截然不同的性格、命运和政治主张从而深刻地影响到俄国的历史呢？

图 9-4 1917 年所摄正在办公的克伦斯基

克伦斯基出生在小城辛比尔斯克，这是俄国南部的一个城市，靠近中亚，最初是 1645 年建立的一个堡垒。18 世纪时，女沙皇叶卡捷琳娜二世在这里设省，而辛比尔斯克就成了辛比尔斯克省的省会。

克伦斯基算得上是一个边城才俊，因为他出生于一个特殊家庭，他的父亲在当地男子贵族中学担任校长。在那个年代，能当贵族中学的校长一般是当地最有才华的人。在家庭环境的影响下，克伦斯基很快就展现出了自己的才华，他喜爱音乐和表演，拉丁文成绩优异，英文、法文也特别好，因此他父亲最大的愿望就是希望儿子未来像自己一样，成为一名拉丁语学者。

克伦斯基 1881 年出生，早他 11 年，在这个小城里面还诞生了一位在俄国历史上赫赫有名的人物列宁。“列宁”并不是他真实的姓氏，这是他从事革命活动之后，为掩护自己和家人给自己取的姓氏。列宁的姓氏是怎么来的呢，一种较为流行的说法是来自于西伯利亚的一条河——勒拿河。1912 年这里的金矿发生了因工人抗议资本家而被政府军警屠杀的惨案——勒拿惨案，列宁为了纪念勒拿惨案，给自己取了姓

图 9-5　1912 年勒拿大惨案后的情形

氏叫列宁，意为“勒拿的”。列宁的真实姓氏是乌里扬诺夫。因此，在 1924 年列宁病逝后，当地政府就把辛比尔斯克改名为乌里扬诺夫，以纪念伟大领袖列宁。值得留意的是，克伦斯基后来也与这个惨案发生了极其密切的关系，并且暴得大名。

1886 年，列宁的哥哥亚历山大作为“民意党人”，因为刺杀沙皇亚历山大三世被捕，后被处以绞刑，列宁一家就成了旁人眼中的戴罪之家。列宁父亲的官职也因此丢了，同年去世。在这个关键时候，克伦斯基的父亲费多尔并没有嫌弃老朋友一家，而是勇敢地担负起照顾列宁一家的使命。列宁在 1890 年以优异成绩中学毕业，准备考大学的时候，费多尔校长推荐爱徒报考喀山大学历史语言系，因为他本人就毕业于这所大学的这个专业，他也希望列宁像他一样成为一个拉丁语学家。最终列宁是以优异成绩考入喀山大学法律系，这让费多尔有些失望。列宁去喀山大学上学的路费是费多尔所赠，列宁本人后来回忆起这件事的时候，仍对费多尔校长充满感激。然而，入学仅仅三个月，列宁就因参与民意党组织被喀山大学开除。

1899 年克伦斯基中学毕业，费多尔又将希望寄托在儿子身上，希望他报考喀山大学或彼得堡大学的历史语言系，目的是让他将来成为拉丁语专家。克伦斯基也违抗了父命，考上了彼得堡大学法律系。很有意思的是，列宁在流放期间仍不忘求学，他以函授生的身份参加了彼得堡大学的正式考试，获得了彼得堡大学法律系的证书。于是克伦斯基和列宁两人成了校友兼系友。

1904 年，克伦斯基以优异成绩大学毕业，从事律师职业。他被聘

图 9-6　19 世纪 30 年代的喀山大学

为彼得堡著名律师奥贝尔的助理律师。充满工作热情和正义感的克伦斯基参加了为 1905 年“流血星期日”事件受害者辩护的律师团，这是他接手的第一个案子。克伦斯基撰写了社会主义革命公告《海燕》，称赞在“流血星期日”牺牲的工农群众是“革命的海燕”，并发布在《武装起义的组织》传单上。克伦斯基激进的政治主张立即引来沙皇政府秘密警察的注意。同年 12 月 23 日，克伦斯基被逮捕，直到次年 4 月才因证据不足被释放。事后，克伦斯基一家被流放到塔什干，同年 8 月驱逐令解除后，克伦斯基才得以返回彼得堡。此时的克伦斯基在工人农民等普通百姓中间，在社会民主党和社会革命党等激进政治组织中，已享有“革命之子”的大名。

使克伦斯基一举成名的案子是“勒拿惨案”。当时俄国有正义感的律师组成免费律师团，从全国各地来为这些工人辩护，克伦斯基是“革命之子”，自然要参加这次活动。在参与辩护的律师中，克伦斯基表现得最积极，口才也是最好的，结果被法院判以蔑视法庭罪，判处有期徒刑 8 个月监禁。

克伦斯基真正成为职业政治家是在 1914 年。克伦斯基该年应萨拉托夫省的邀请，被推举为萨拉托夫省第四届国家杜马的议员，真正成了一名政治家。也是在这一年，克伦斯基正式加入社会革命党。

社会革命党在 20 世纪初俄国的三次革命[1]中都扮演了重要角色。社会革命党也是社会主义政党，它的党纲也是要实现社会主义，社会基础也是工人、士兵和农民，克伦

[1] 三次革命：20 世纪初俄国爆发的三次革命，分别发生在 1905 年、1917 年 2 月和 1917 年 10 月。

斯基也是社会主义者，还成为该党的领袖。克伦斯基在国家杜马中，实际上代表了最下层工农百姓群众的政治呼声，从1915年起他就成为国家杜马中的左翼“劳动派”。

自从1914年第一次世界大战爆发后，俄国军队几乎是连战连败，沙皇政府的统治更加腐朽黑暗，出现了上层统治危机，在国家杜马里面，资产阶级党团和克伦斯基的左翼党团都起来攻击沙皇政府，几乎把攻击点聚集到一个人的身上，就是“宫廷妖孽”拉斯普丁。拉斯普丁本来是西伯利亚的一个大字不识的农民，自称自己得道成仙，有妙手回春之术，可以给人治病祛灾。当时，沙皇尼古拉二世和皇后亚历山德拉最大的心病不是国家治理，而是皇太子阿列克谢的身体健康。皇太子阿列克谢一出生就患有血友病，受伤碰破了一个伤口之后就血流不止。在这种情况下，谁能治好皇太子的病，谁就是神仙。于是，自称自己有神仙之道的拉斯普丁，就被贵族推荐给沙皇并成为沙皇一家的座上宾。如果他仅仅招摇撞骗，骗吃骗喝骗钱也就算了，但是他还要干预朝政，最后竟成为能左右俄国政局的人。1916年12月30日，宫廷贵族忍无可忍，将他暗杀了事。这件事情从一个侧面说明，沙皇的个人声望已经降到了历史低点，沙皇统治已经腐朽到了极点。

图9-7　1916年以前所绘讽刺沙皇尼古拉二世和皇后亚历山德拉被拉斯普丁玩弄的漫画《拉斯普丁与沙皇夫妇》

1917年2月25日，彼得格勒

上演了戏剧性的一幕：一些妇女因不能忍受自己的丈夫在前线流血牺牲、家里的孩子却没饭吃的状况，上街抗议。这么一件小小的事情，就把革命引发了。沙皇政府派军队去镇压，负责镇压的这些军队听了妇女们的哭诉之后调转了枪口。同时，国家杜马里面的资产阶级和克伦斯基领导的左翼党派向沙皇政府发难，迫使沙皇尼古拉二世签署逊位诏书，把皇位传给自己的儿子。尼古拉二世被迫将皇位传给了弟弟米哈伊尔。但是几个小时以后，这位新沙皇又宣布这个王朝结束。这就是1917年二月革命。

俄国的帝制终结后，成立了俄国临时政府。临时政府第一任总理罗将科是十月党人，但这届政府是联合政府，因此除了代表资产阶级利益的十月党和立宪民主党的代表外，还有代表工人农民士兵利益的社会革命党的代表，即司法部部长克伦斯基。

当时的俄国，除了临时政府以外，还有个不是政权而似政权的“政权”，即全俄工兵农代表苏维埃，这个组织的领袖的是齐赫泽和策列铁里。列宁将这种形势称为“两个政权并存”：一个政权是外国承认的，但手上没有兵权；一个是不被外国承认的，但手上有兵权。布尔什维克党员到1917年4月才8万人，该党的高级领导人要么像列宁一样流亡到国外，要么被排除在临时政府之外。

克伦斯基在临时政府中的第一个职务是司法部部长。1917年5月18日，由于前线的接连失败，克伦斯基又被任命为陆海军部长。于是克伦斯基频繁地到前线去向士兵进行宣传，主张要坚持护国主义，把战争进行到底。士兵因此很讨厌他，把他称为“劝说部长”。尽管克伦斯基不是军官，没有从过军，但是他非常喜欢军装，当上陆海军部长之后经常身着军服出现在各种场合，报纸上将其称为“骑士”“人民代言人”，给了他很高的荣誉。

克伦斯基的第二个角色大家可能不知道——他还是俄国共济会的总书记，就是秘书长。书记这个词就是秘书的意思。书记在最初并不是一种正式的官职，只是负责事务的召集等具体工作。

克伦斯基的俄国共济会总书记身份，在 1917 年二月革命到十月革命这段时间内产生了巨大的影响。其间，列宁曾说过“一切权力归苏维埃”，不久改口说“一切权力不归苏维埃”，这一转变发生在1917年7月，全俄工兵苏维埃第一次代表大会之后，该会议结束于 1917 年 7 月 7 日。当时会上做出一个决议，把工兵农代表苏维埃的权力移交给临时政府，即移交给临时总理克伦斯基。列宁知道这件事后非常生气，批评当时工兵农代表苏维埃的主席齐赫泽，说他是叛徒。齐赫泽是代表工农利益的，

图 9-8　1917 年 7 月，布尔什维克和亚历山大克伦斯基临时政府的支持者在彼得格勒发生冲突

为什么会在这个时候和克伦斯基站到一起呢？以前的历史教科书中强调齐赫泽是出卖工人阶级利益的叛徒，但缺乏充足的说服力。现在，根据解密的文献档案，这个问题有了新的说法。即表面上，克伦斯基与齐赫泽是分属两个阵营的政治对手，但私底下他们都是俄国共济会组织的成员。

共济会是一个古老的国际性非政府组织，于1717年产生于英国，后来渡过英吉利海峡来到欧洲大陆。到了欧洲大陆后，共济会分成了两支：一支到了意大利，仍称共济会；另一支到了法国，改称大东方协会。俄国的共济会组织是在彼得大帝时期由法国传入的。共济会的英文名称是Free Mason，意为“自由石匠”，在英、法、意等国时，共济会只是一个下层泥瓦匠组成的自我保护组织。但该组织到了俄国后，改走上层路线。克伦斯基是俄国共济会的最后一任总书记，齐赫泽是其下属成员，因此，齐赫泽就把自己的权力交给克伦斯基。临时政府部长办公厅主任加林别林是克伦斯基的密友，也是俄国共济会最高委员会成员，他后来回忆说：“齐赫泽是共济会员这一事实，大大减轻了我遇到的难题。”

1917年4月17日（俄历4月4日），列宁从芬兰归来，随即发表《论无产阶级在这次革命中的任务》的演讲。在演讲中，列宁宣布将革命进行到底，即推翻资产阶级临时政府，将“全部政权归苏维埃”。临时政府宣布列宁为“德国间谍”，身为司法部部长的克伦斯基开始了对童年挚友的追捕。

10月20日（俄历10月7日），列宁由布尔什维克交通员拉海亚护送，经过化装，戴着假发，乘着一辆煤水车秘密回到彼得格勒。10月23日（俄历10月10日），布尔什维克党中央召开紧急会议，最后以绝对多数票（10票赞成，季诺维也夫和加米涅夫2票反对）通过了列宁起草的决议，并成立了彼得格勒革命军事委员会。

1917 年 11 月 7 日（俄历 10 月 25 日）上午 9 点，克伦斯基发现大势已去，于是在英国间谍西德尼·乔治·瑞利（在英国情报局的编号是 S.T.-1）的帮助下坐上了一台雷诺牌轿车，前边以美国大使馆的车开道，仓皇出逃。克伦斯基出逃之后有很多谣传，说他是男扮女装出逃，这件事困扰了克伦斯基一生，以至他晚年在接受记者的采访时还强调，他当时是穿着自己的正常衣服，他的汽车沿途遇到的一个起义士兵，那个士兵认出了他，并向他敬礼放行。值得一提的是，西德尼·乔治·瑞利就是英国系列电影“007”中詹姆斯·邦德的原型，他后来又参与了刺杀列宁的活动。

十月革命后的列宁与克伦斯基

十月革命以后，克伦斯基漂泊异乡。流亡初期克伦斯基还奔走呼号，呼吁对苏联进行干涉，但应者寥寥。20 世纪 30 年代斯大林政权巩固后，西方急需研究苏联问题的专家，克伦斯基因为不仅曾经担任临时政府总理，并且精通英语、法语等欧洲语言，多次受邀为美国和欧洲大型政治报刊写文章，到各国各地做报告。

20 世纪 50 年代，斯坦福大学的胡佛战争、革命、和平研究所（以下简称“胡佛研究所”）聘用了克伦斯基，请他在那里负责整理俄国革命档案，从事授课和指导学生论文，克伦斯基由此成为一位大学教师。哈佛大学为他聘请了一位女秘书——埃伦小姐。埃伦是俄国人，她一直伴随克伦斯基到死，克伦斯基亲切地称她为“总书记”，因为在俄文中“秘书长”和“总书记”是同一写法。

1967 年 11 月，克伦斯基被发现患有胃癌，手术后几乎身无分文，此时欧美政府和媒体报刊已不再需要他的演讲和文字了。克伦斯基陷入极度窘迫之中。需要强调的是，克伦斯基在流亡海外的俄国侨民眼中是一个比列宁还坏的人，因为他和列宁一样是社会主义者，与列宁不同的是，他还把俄国“搞丢”了，因此他在俄国侨民眼中是个罪人。侨居伦敦的俄侨伊琳斯卡娅公爵小姐是他的追随者和崇拜者，把他介绍到伦敦的一家为穷人提供免费治疗的医院。克伦斯基来到伦敦住院后，情绪一落千丈，经常处在昏厥之中，醒来便呼唤埃伦的名字。埃伦得知这一消息后，马上从纽约飞往伦敦。在她的亲自料理下，他的心情有所好转。但无人为克伦斯基提供返回纽约的机票以及以后的生活费，埃伦自身也处于一贫如洗的状态。埃伦苦苦寻求出路，希望摆脱困境，她想到了克伦斯基存放在纽约西普逊夫人家中的个人档案资料，希望有人出高价来收买这批资料。

图 9-9　胡佛研究所的重要组成部分——胡佛塔

埃伦先打电话给克伦斯基曾经工作过的斯坦福大学胡佛研究所，遭到拒绝。得克萨斯大学奥斯汀分校投来了橄榄枝，表示有兴趣收藏克伦斯基最后的个人档案文献。1968 年 12 月，得克萨斯大学奥斯汀分校人文研究中心通过埃伦和档案拥有人——克伦斯基的儿子奥列格收购了克伦斯基档案，档案估价 10 万美元，5 年付清，每年支付 2 万美元。

埃伦在拿到第一笔款项之后，立即赶到伦敦把克伦斯基接回纽约，在该市市长官邸附近租下一套条件不错的住宅，并为克伦斯基制订了详细的财政支出计划，为的是让有限的资金达到细水长流的作用。

克伦斯基最为潦倒和身心疲惫之时，曾在 1968 年通过特殊渠道向苏联政府提出回国申请。苏联官方表示欢迎，但提出了必要条件，即要克伦斯基发表拥护苏联的政治声明。1968 年 8 月 13 日，一份提交苏共中央委员会的绝密文件中记载：“……得到他（克伦斯基）的声明：承认社会主义革命的规律，承认苏联政府政策的正确性，承认苏联人民在苏维埃国家领导下的 50 年中取得的成就。”这一绝密文件现收藏于俄罗斯“当代文献保管中心”。但后来可能是苏联于 1968 年 8 月 21 日入侵捷克斯洛伐克的事件，使克伦斯基突然收回了回国申请。

1970 年 4 月的一天，克伦斯基在家里跌了一跤，折断了股骨头，随即住进医院。他认为自己的生命已经走到尽头，精神完全垮了。他决定不再给任何人带来负担，只希望早一天死去。他开始绝食。纽约诊所的医生不得不通过静脉点滴给他强行注入营养液，但是克伦斯基总是拔出针头。去意已决的克伦斯基以这种方式与医生和护士整整斗争了两个半月。为了早日结束自己的生命，克伦斯基甚至恳求埃伦去给他弄来毒药。1970 年 6 月 11 日，刚刚度过 89 岁生日（5 月 4 日）的克伦斯基在他位于纽约的家中去世。

克伦斯基虽然始终坚持自己是社会主义者，但他仍然是东正教教徒。在他去世后，纽约当地的俄罗斯和塞尔维亚东正教会都拒绝将他葬入东正教墓地。这些教会认为他是俄罗斯衰落的罪魁祸首。克伦斯基的遗体被辗转运到伦敦，最后被葬在伦敦西南郊普特尼河谷的公墓里，墓穴和墓碑没有任何宗教色彩。这个公墓有一个英国国教教堂，同时接受非宗教的殡葬服务，这里也曾收留普法战争后被迫亡命天涯的法兰西第二帝国皇帝拿破仑三世的孤魂。

列宁的结局与克伦斯基有很大不同。按照苏联电影《列宁在1918年》中的描述，列宁于1918年12月16日在莫斯科的米赫尔逊工厂发表演讲结束后，在工人簇拥下向自己的汽车走去。这个时候，在黑暗中闪出一个女人，拿出手枪颤抖地开了三枪，这个女人就是社会革命党的女刺客卡普兰。但新的证据表明，要么真正的刺客不是卡普兰，要么真正的刺客不止卡普兰一个人。因为列宁在即将昏迷的时候对卫士说了一句“抓住他”。俄语中男性的“他”与女性的“她”在语音上是完全不同的，列宁说的是抓住男性的“他”。新的材料证明，前面提到的英国特工西德尼·乔治·瑞利介入了这次刺杀列宁的案件中。1924年1月21日，列宁去世，终年54岁。

图9-10 送葬者抬着列宁的棺木

在传统的历史学著作中，克伦斯基是一个绝对的反面角色。但我们今天抛开政治成见，在获得新的档案文献的背景下，能不能还原他的真实面目呢？或许历史老人是宽宏大量的，尽管36岁的克伦斯基在其正值巅峰的时候败给了自己童年的小伙伴、后来的对手——47岁的列宁，尽管他所领导的临时政府的政治理想败给了布尔什维克和苏维埃政权，但他可以用超长的寿命看见他的政治对手一个一个先他离世。他目睹了20世纪30年代至60年代苏联的辉煌，以及20世纪70年代初开始的衰落，亲历了第二次世界大战、东西方冷战、美苏对抗，他几乎成了20世纪的历史见证者和评判人。

历史既有宏大、整体的角度，也有微观、个体的角度。倘若我们不从宏大的历史出发，仅仅是从他们各自的人生来讲，若把曾经属于不同阵营的历史人物放在历史长河里看，从人生的角度来说，他们谁是胜利者？谁是失败者呢？这是某种两场革命、两个命运、两种人生的对比。

除此之外，还有一个很有意思的小插曲：1964年流亡在美国的克伦斯基，在面对记者“1917年布尔什维克的胜利能不能避免”的提问时，他回答说：“也许可以的，但是必须杀掉一个人！”记者问：“列宁？”克伦斯基回答：“不，是克伦斯基！”这也许是克伦斯基多年后的一种自嘲吧。

北宋朝局与杨业之死

文｜南京大学历史学院　黄益

北宋雍熙三年（986）七月八日夜，杨业在陈家谷口兵尽力绝，受伤被俘。被俘时，杨业感慨道："上遇我厚，期讨贼捍边以报，而反为奸臣所迫，致王师败绩，何面目求活耶！"绝食三日而死。尽管杨业是北汉降将，但他感念宋太宗国士知遇之恩，对北宋忠诚。依照《宋史》的记载，杨业能征善战，对战争态势有相当准确的预判。这样一个忠勇双全的将军，却成了北宋雍熙北伐失败的最大牺牲品。正因如此，后人每每扼腕叹息。那么，究竟谁该为杨业之死负责呢？

图 10–1　《杨家将全传》中所绘杨业像

关于杨业死因的推论及疑惑

关于杨业之死，其实是充满了各种疑点的。第一，在杨业被俘时，曾说“而反为奸臣所迫”，这个奸臣宋史里面没有明说，指的到底是谁？第二，在杨业死后，以他的官衔本来可以获得较高的赙赠，但他实际上所获得的赙赠比自己的属下贺怀浦的还要低。因此，在杨业死后，才有刘吉为杨业不断争取、申雪，最终得到宋太宗的认可，追改赐品。关于杨业的赙赠调整，让很多人坚定地相信杨业死后被人泼过脏水。第三，在杨业去世之后，潘美、王侁、刘文裕甚至侯莫陈利用等人可能有不利于杨业的言辞，所以才有北宋朝廷存疑并追查真相的过程，也才有后世史家不断对这一问题进行探究，以求解开这一千古谜题。

图 10-2 台北“故宫博物院”藏宋太宗像

关于杨业的死因，常见的说法一般有几种：一、王侁和刘文裕陷害杨业，管建和方健等人持此观点。二、潘美陷害杨业，邓广铭、张希清、闻立鼎、常征等先生均这么认为。三、侯莫陈利用陷害杨业，而背后的真正指使者是宋太宗，张其凡先生独发覆论及此。以上说法，都各有依据，但也都有可推敲之处。

首先，宋太宗会借他人之手杀害杨业吗？从常理上看不会。杨业是宋太宗在攻取北汉之后所获得的一员虎将。在刘继元投降北宋之后，杨业由刘继元招降，转而侍奉宋太宗。杨业的这种投降方式，可以说是历史上战乱纷纭时期最难得的一种投降方式：既顾全了对旧主的忠诚，又在一定程度上免除了向新主卖旧主乞降的贰臣身份。杨业的本名为“重贵”，而他也似乎真的得到了父母取名的祝福。在他跟随旧主投降北宋、准备安心地过清闲的日子时，命运给了他一个巨大的转机。宋太宗在攻取北汉之后，试图直接北上收复幽云十六州。这一缺乏整体考虑的战略决定，让北宋军队疲于奔命，也让宋太宗自己身陷危险之中。在攻打高梁河失利的情况下，机缘巧合让宋太宗与杨业走到了一起。在杨业的巧妙战略布局下，宋太宗摆脱了被俘的厄运。杨业是宋太宗的救命恩人这一点，史书没有明文记载，但通过各种蛛丝马迹的信息梳理，仍可以整理出清晰的脉络。正因为杨业在归降北宋初年便立有大功，这种功劳使得宋太宗将其完全变成了自己人对待，因此，在北汉其他人员全部转到相对闲散的工作、距离原来北汉比较远的区域工作时，杨业不仅迅速提升了官职，而且就在北汉原来所据守的区域担任要职。再说，雍熙三年（986）正是宋太宗对辽用兵特别需要用人之际，即使杨业在入宋之后的言行有一些不太合规矩之处，宋太宗也断断不会在大军撤兵、迁移民众的时候借刀杀人，置杨业于死地。

图 10-3 《杨家将全传》中所绘潘美像

那么潘美是否有必要去陷害杨业呢？回答这个问题，首先要有一种意识视角的变化。首先要跳脱诸如《杨家将》等历史演义小说，给我们带来的那些关于潘美（“潘仁美”）“常识”“形象”的干扰，回到历史上真实的潘美来看。潘美与宋太宗的关系之密切，远远超越了旁人。宋太宗之子赵恒（宋真宗）在杨业去世之前已娶潘美之女为妻，潘美是宋太宗重要的儿女亲家。此外，潘美是宋太宗最信任的大臣，在私底下宋太宗与其相交甚契，宋太宗经常微服出入潘美的家中。杨业再怎么得到宋太宗的信任，潘美断然不会担心杨业会妨碍自己与宋太宗的亲密关系。因此，潘美在事前没有陷害杨业的必要。当然，在杨业死后，潘美会尽量撇清自己与杨业死亡一事的责任，这倒是存在一定可能性。

至于其他中贵陷害杨业，理由也不完全能够成立。因为在杨业一事上，潘美、王侁与刘文裕均受到了一定的处罚。对于潘美的处罚，主要是因为他作为主将没能充分发挥精兵强将的力量，不仅没有按照预期让几个州县的民众顺利撤离，还让杨业等虎将丧命。可以说，对潘美的处罚，就是战争失利后对主将的追责和处罚。在这场战争中，不管是杨业阵亡还是其他将领阵亡，潘美没有成功完成他的任务都需要受到处罚。《名臣碑传琬琰集》下卷一收录了《潘武惠公美传》，其中明确记载了这一诏书。诏书中说：“俾总援兵，经涂非赊，精甲甚众，不能申明斥堠，谨设堤防，陷此生民，失吾骁将。据其显咎，合正刑书。”

至于处罚王侁与刘文裕，《宋大诏令集》中所记载的诏书是这样写的：“昨出师徒，俾其监护，固合明宣纪律，动协机宜。而乃堕挠军谋，窘辱将领，无公忠之节，有狠戾之愆。违众任情，彼前我却，失吾骁将，陷此生民。合塞群情，抵于严宪。”意思是在杨业提出与此前的方案不完全相同的撤退方案时，作为监军的王侁使用了比较辛辣的语言，让杨业不得不选择出战以明己志。王侁在战场上是负责监督主将的，但他不能以言行来干涉主将。而在这次护卫四州百姓撤离的过程中，当杨业根据战场情况提出较为合理的撤退方案时，王侁以杨业为北汉降将为由进行威胁，显然是超出了自己的职责范围。值得玩味的、让很多人坚持认为是潘美陷害杨业的原因，是潘美对两人的争持不置可否。刘文裕在军事战略上，赞同王侁的意见，但没有用苛刻的言辞来刺激杨业出战。正是在这样的情形下，刘文裕在一年之后便被宋太宗重新召回，《宋史》记载："岁余，上知业之陷由侁，召文裕还。"

宋太宗、潘美、王侁、刘文裕是历史记载中比较容易对号入座的"陷害"杨业的人。还有学者通过钩沉当时的历史事件认为，侯莫陈利用也存在"陷害"杨业的嫌疑。但是，反复阅读《宋史・杨业传》，我们很难看出杨业遭人陷害的痕迹。在杨业去世后宋太宗所颁赐的诏书中这样写道："执干戈而卫社稷，闻鼓鼙而思将帅。尽力死敌，立节迈伦，不有追崇，曷彰义烈！故云州观察使杨业诚坚金石，气激风云。挺陇上之雄才，本山西之茂族。自委戎乘，式资战功。方提貔虎之师，以效边陲之用；而群帅败约，援兵不前。独以孤军，陷于沙漠；劲果猋厉，有死不回。求之古人，何以加此！是用特举徽典，以旌遗忠；魂而有灵，知我深意。可赠太尉、大同军节度，赐其家布帛千匹，粟千石。大将军潘美降三官；监军王侁除名，隶金州；刘文裕除名，隶登州。"文中只字不提有人陷害杨业，却加了一句值得玩味的、看似可有可无的"魂而

图 10-4 《杨家将全传》中所绘宋辽会战

有灵，知我深意”。为什么宋太宗的诏书中要加上这句，似乎在暗示，“我有难言之隐”“期盼杨老兄能理解”的话呢？这仅仅是为了表达自己对杨业被王侁等人的微词逼迫而死的遗憾与痛惜吗？细节可堪深究，意味足可玩味。

在以上说法都各有不足的情况下，我们有必要换另一种视角来观察杨业之死。军事是政治的延伸。王夫之在《宋论》里曾说，以“杯酒释兵权”而得天下的赵宋王朝，其基本国策之一就是利用文臣压制武臣，“唯折抑武臣，使不得立不世之功以分主眷而已”。利用文武之间的不和，达到“徒疑忌深而利其相制耳”。可以说，在宋朝“非战之罪，实庙堂罪也”的失败战争情况尤其多。实际上，在用文臣抑制武臣之前，

图 10-5　雁门关，王一舰摄

还有一个很特殊的阶段，这个阶段武将没有实权，文官对武将的压制还没有成型，因此，皇帝所采用的方式是直接控制军队，带兵打仗或者在中央指挥军队展开前线的战斗，这就是“将从中御”的初期状态。杨业进入北宋时，北宋正处于这样一个过渡阶段。

现在我们回到“雍熙北伐”的历史现场，去看战争的整个过程，其中不难看到一个有意思的现象：杨业主张根据形势来调整作战方案时，潘美采取的态度是不回应；王侁和刘文裕则坚决要求将领执行此前“趋雁门北川中，鼓行而往”的战争预案，侯莫陈利用当时在场却没有记载他有表态之举。这到底是一个什么样的方案，让大多数的大臣坚决执行，却让杨业成了“孤臣”？而在这个作战方案前的“选边站队”，似乎在杨业之死中占据着重要的地位。当我们再深究一步，去探查这个被杨业否定的作战方案的制作者时，会有点“恍然大悟”的感觉：它是宋太宗御定的战略规划！有了这一点，“魂而有灵，知我深意”这一句话便不再是可有可无的，而是寄托了宋太宗对这一件事抱憾而无处诉说的难言之隐。如果真要追究杨业的死因，还是要追到宋太宗的头上啊！

宋太宗的难言之隐

宋太宗到底有什么难言之隐？这事还得追溯到宋太祖即位初年。

宋太祖是中国历史上最后一位以禅让的形式去臣为君的，尽管他接过帝位的方式比此前的任何一次禅让更为干脆、直接。陈桥兵变，这是历史上所有人都不陌生的细节。在宋太祖发动陈桥兵变黄袍加身之后，如何节制部下不再发生类似的情况，成为宋太祖关心的问题。

❶ 石守信（928—984）：北宋开国将领。北宋建立后，曾率军讨平李筠、李重进等。“杯酒释兵权”后专事敛财。宋太宗时曾随征辽朝。

为了彻底杜绝这一问题，宋太祖很快就采取“杯酒释兵权”等方式解除了石守信[1]等众多将领的兵权。“杯酒释兵权”作为中国古代历史上不流血而完成的将权削减，研究的学者不乏其人。

至今，学者一方面已通过史料证明了“杯酒释兵权”这一故事的真实性，并将“杯酒释兵权”与收回藩镇的兵权严格区分开来，另一方面对“杯酒释兵权”的政治理性进行了高度评价。根据学者的研究，“杯酒释兵权”是宋太祖为加强皇权、巩固政治统治所采取的一系列政治军事改革的第一步。此后，宋朝建立了与此前不一样的枢密院制度，枢密使与枢密副使各有所司，分离了调兵权与领兵权，加强了皇权对军队的控制。此外，以三衙掌握禁军，但不赐予三衙调兵与发兵的权力。这样便于皇帝较好地掌握军队并最大限度减少军队拥兵自重的风险。

为了防止弱干强枝现象的发生，宋朝将全国军队分为两半，一半屯驻在京城，一半戍守于各地。这一措施的执行，不仅可以保证京城发生军队内变时，地方上的军队可以合起来制止，更因使得地方上任何一个地方的军队均少于京城驻军，便于皇帝控制全国军队。为了更好地控制军队，宋朝更是彻底执行了兵将分离政策。屯驻各地的军队不断调动，士兵不断换防，使得兵不识将、将不识兵，将官很难在固定的士兵群中有效建立自己的声望。宋朝加强对军队的控制同时采取类似的办法削夺地方藩镇的权力、采用三权分立的方法削弱宰相的权力。通过一系列的调整，宋朝较好地解决了唐末以来的政治问题，为宋朝较长时间的统一奠定了基础，为经济、文化等的发展创造了较好的条件。

“杯酒释兵权”开始的各项政治措置，在较大程度上为宋朝经济与文化上高度发展奠定了基础，除北宋初年李筠、李重进等后周残余势力曾发动叛乱外，宋朝历史上基本上杜绝了武臣作乱的风险。但宋太祖开始的军事改革，从其军事制度改革初期开始，弊端便很明显地体现在北宋与周边政治势力的对抗中。尽管“杯酒释兵权”及其此后的军事措置，较好地解决了内部叛乱问题，但难以较好地面对战争时间。因为，一旦兵权高度集中到皇帝个人手中时，将帅对所统领的军队应有的指挥权受到严格限制。久经沙场、深谙军事的宋太祖在调整皇帝的军事控制权时，在实际上已经决定了宋朝的君主在遇到战事时最好亲征。史实也说明，宋太祖和宋太宗时，进行过不少亲征活动。

宋太祖时较为重要的一次亲征发生在开宝二年（969）。北宋灭北汉，是志在必得的事。赵匡胤即位后，曾约其弟赵光义共赴赵普家，议定先攻取南方、暂留北汉应对北方的策略。南方底定后，为了攻灭北汉，宋太祖进行了较为周详的军事部署。开宝元年（968），宋太祖以北汉大掠晋、绛二州之境为由，派遣殿中侍御史李莹等 18 人前往各州，调集军队奔赴太原，并命令卢怀忠等 22 人领兵屯潞州，这是为北伐所做的准备工作。开宝二年（969）二月，宋太祖下诏北伐。此次宋太祖的军事战略分为两部分：第一部分为以打援来达到有效阻截辽朝援兵的目的；第二部分为筑“长连城”以水灌城以求速战速决。宋太祖此次北伐，由于筑“长连城”的时间较长，第三次打援失败，再加上围城时间较长，宋朝将士牺牲巨大。宋太祖最终在辽朝援军赶到太原城下时决定撤兵。在撤兵之后，宋太祖并未放弃攻伐北汉。《东轩笔录》中记载了宋太祖对宋太宗谈及的对北汉的战略重新规划：“河东正扼两蕃，若遽取河东，便与两蕃接境，莫若且存继元，为我屏翰，俟我完实，取之未晚。”这一言论正是赵普于宋太祖初即位时所提及的思想的翻版。攻灭北汉一事，最终由宋太宗亲征完成。

在宋太祖开宝二年（969）亲征北汉之后，宋朝加强了自身军备建设，对辽朝则加强和平友好交往，对北汉则采取“伐大树”的策略[1]。正是通过多种策略的并行，宋朝最终在宋太宗亲征北汉时，借助郭进在石岭关对辽军的有力打援及此后多次战争的胜利，为招降北汉奠定了较好的基础。

[1] “伐大树”的策略：从宋太祖时开始，根据薛化光的建议，通过阻遏契丹援兵，分批次将北汉境内的居民迁离北汉。经过几年间对北汉民众的俘虏与迁移，北汉境内的居民约10万人被北宋迁移到山东、河南等地。这一策略釜底抽薪，使得北汉在经济上难以自立。

在攻伐北汉胜利的情况下，宋太宗决定乘胜追击，北伐辽国，取得对古北口以南地区的掌握权。当宋太宗打到高梁河（今北京西直门附近）时，遭遇辽的有力阻击，北宋伐辽失利，宋太宗在此次战役中曾与大部队失去联系。北伐失利之后，北宋迅速于宋辽边界处增筑城寨，“守要害，增壁垒，左控右扼，疆事甚严”。

帝王亲征，是“杯酒释兵权”之后宋朝应对来自统治范围之外的威胁最好的选择。但即使久经沙场的宋太祖与宋太宗都不愿意深入前线，更不愿意久居前线。宋太祖讨伐北汉久攻不下时，太常博士李光赞上言：“陛下应天顺人，体元御极，战无不胜，谋无不臧，四方恃险之邦，僭窃帝王之号者，昔日与中国为邻，今日与陛下为臣。蕞尔晋阳，岂须亲讨，重劳飞挽，久驻师徒。且太原得之未必为多，失之未足为辱。今时属炎蒸，候当暑雨，倘河津泛溢，道路阻艰，辇运稽留，恐劳宸虑。”李光赞的奏章深得宋太祖的心思，“太祖览奏甚喜，命宰相赵普抚谕诸将，欲班师”。在将帅希望继续效死力争取平灭北汉时，宋太祖坚决撤兵班师。学界从战术的角度对当时的局势进行了较为明确的分析，宋太祖当时下令班师，是根据局势而做出的较为稳妥的选择。但从宋太祖读太常博士李光赞的奏请也可以初步判断出宋太祖御驾亲征时并不愿久居前线，更不愿意在辽军已然突破宋军的阻截兵临北汉、北宋取胜的胜算已然渺茫之时亲蹈险地的心思。

相比宋太祖，宋太宗在高梁河一战差点被俘之后，更不愿意身涉险境。在他的心里留下了最大的痛：不仅自己差点被俘，而他也因为自己的怒火未能得到较好的控制，使得原来议定的皇位继承人、宋太祖之子赵德芳自杀以明己志。尽管宋太宗很清楚御驾亲征的重要性，但他已经越来越不愿意直面战争、直面那须臾激变的战场。

太平兴国五年（980），北宋君臣讨论北征之事时，窦偁[1]“因抗疏请还都，休士养马，徐为后图，帝悦其言。”窦偁在君臣讨论北伐时抗疏指出不宜轻进，这与宋太宗急欲北进攻取古北口以南、原燕云十六州之地的意愿是不完全相符的。但宋太宗为何对窦偁的上言仍“悦其言”呢？因为窦偁言中了宋太宗的款曲。在众人根据宋太宗急于攻取燕云十六州的心意，在大名府积极讨论北伐之事时，宋太宗“至是帝思见偁，促召至行在”。而窦偁严厉抗疏请求太宗回宫再图进取之后，宋太宗立即从大名返回朝廷，并起用窦偁为枢密直学士。仔细梳理因果关系时，我们不难看到：宋太宗很清楚窦偁反对立即北伐的主张，且很清楚窦偁的性格直率，在众人力请北征、宋太宗骑虎难下之时，才急切地将窦偁找来为自己名正言顺地返回帝都找到

[1] 窦偁（924—982）：后汉乾祐进士，曾仕后周。入宋后为赵光义所用，因在宴会上斥责贾琰被黜出京。980年，因宋太宗的召见，重新入朝。两年后去世。

台阶。皇帝最好亲自率军出征，而皇帝又不能将自己不愿意再身涉险境的话拿到明面上来说，这让宋太宗左右为难。

将从中御这一不成熟的政策悄然成形

皇帝严格控制军队，又不愿意御驾亲征，根据实际情况也不允许皇帝每战必亲征。怎么办？宋太祖时，为了解决这个问题，开始进行一些权宜尝试。曹彬奉命统兵讨伐江南时，太祖当众授予曹彬剑匣，“副将以下，不用命者斩之”。“讫江南平，无一犯律者。比还，复赐宴讲武殿，酒三行，二臣起跪于榻前，曰：‘臣等幸无败事，昨授文字，不敢藏于家。’即纳于上前。上徐自发封示之，乃白纸一张也”。这是宋太祖进行的尝试。有学者研究认为，宋太祖并没有真正赐予曹彬生杀之权，在这一次征伐过程中，曹彬是不折不扣的空头主帅。

图 10-6 《三才图会》中的曹彬像

到宋太宗时，曹彬领兵岐沟关与此类似。唯一不同的是，宋太宗时，主帅无权已经是众所周知的事情。正因为这样，曹彬在岐沟关战役中，不断因为坐失战机而失败。可以说，将从中御这个权宜之计，在很大程度上困住了将领的军事指挥权。

如果说宋太祖逐渐开始执行的将从中御政策，在将领尚未完全理解国家制度转变的过程中，能通过兵法中的巧诈取得一定的震慑效果，但到宋太宗时，宋太祖时巧诈可以取得的震慑效果已然失效。到宋太宗时，前线将领已经完全失去了军事指挥权，只能根据皇帝在战前制定的阵图进行战斗，在战争过程中不断根据形势变化以诏书发布命令。身居朝中的皇帝即使具有再高明的军事指挥能力，也难以周全地预测形势的发展，诏书的补充与发布更难保证及时抵达前方战场。因此，宋太宗时严格按照皇帝的命令行事时，战败也很少受到处罚，或者所受处罚极为轻微。同时，由于“将从中御”的初衷是压抑武将的个人意志，因此，擅自改变阵法行事的武将，即使取得了较好的战果，也难以获得赏赐。

从北汉归降的杨业在刚刚投降之初，便因“善自为谋”而救宋太宗于危难，以其御边之能力，本可以在北宋较有作为。但他未能深刻领悟北宋皇帝牢牢控制军事指挥权的做法，因此，“知兵而不知政治”的他在北宋时屡屡遭遇戍边主将的忌惮。这些主将所忌惮的，以笔者推测，并非害怕杨业的功劳胜过自己，而是“潜上谤书斥言其短”来向宋太宗撇清杨业的随宜措置方案与己无关罢了。至于宋太宗“览之皆不问，封其奏以付业”，也不过是因为宋太宗早已深知杨业的忠悃之心，并乐见自己将从中御的一些不符合战略的做法得到了有效纠偏，并希望杨业从奏书中明白自己更为准确的措置最好通过宋太宗发出命令，而非自己凭军事直觉直接执行。

可惜的是，杨业入宋时间较短，尚未能深切领悟宋太宗将诏书转给他看的真实目的，无法根据政治变化去寻找最适合自己的报效朝廷的方式，以至杨业在死时仍认为自己是“为奸臣所迫”。杨业之所以形成被奸臣迫害的印象，是因为杨业没有理解宋太宗将大臣们批驳杨业的奏章原封不动送给他看的真实目的。军事制度上的变化，是宋太宗没有办法直接告诉杨业的，杨业也没有完全领悟到宋太宗的用意，只看到了表面上大臣们对他的短处的批评。杨业的短处是什么？正好是杨业根据战局随机应变的能力。现在朝廷已经全部按照上面的旨意办事了，杨业还在根据自己的理解安排军事布局。他的每一个安排，虽然都比预先设定的可能要更为妥当，但会让每次和他合作的大臣难以向皇帝交代，于是大臣们只能指陈事实，将违反命令的“罪过”让当事人杨业来扛，这还不成为杨业在北宋朝廷中生存的短板？杨业之死，正与他没有理解北宋政局并调整自己的行为方式有关。宋太宗明明知道这一原因，但不便明言，只得在杨业死后赙赠的诏书中还有“魂而有灵，知我深意”一句。懂得这一政治制度变化的苏辙，在经过古北口杨令公祠时，曾经用“一败可怜非战罪，太刚嗟独畏人言”感慨杨业的性格弱点。已经从北汉之臣转为北宋之臣，他就不应该再像以前那样“将在外军令有所不受”了，可惜杨业没有理解，也没有改变。确实，如果杨业能理解北宋将从中御的政策，他或许能较好地去处理好军事谋划与执行之间的关系，比如提前将自己的认识递交给宋太宗，让宋太宗吸收借鉴自己的想法再颁布命令；

图 10-7 古北口杨令公祠全景，王一舰摄

他或许也能在战场形势发生了变化时，不是抗词，而是采取其他的方式来面对与解决问题。但杨业没有，而是采取激烈的言辞来分析，又被王侁等人用言语刺激，最终在主将并未同意的情况下做出了只身前往作战的决定。而这一切，使得杨业最终命丧战场。

通过这些分析，我们不难看出杨业之前赙赠较低，实际上是带有惩罚他没有按照军令执行的意味，而在后期宋太宗增加赙赠，更多是对失去既能够忠于朝廷又敢于按照正确的形势分析去争取最好的战斗结果的杨业的惋惜。但当时的宋太宗也明白，杨业是政治制度转型的过程中的牺牲品，在新的比较好的政治制度确立之前，这种牺牲是心里清楚却又不能直接表达的。归根结底，杨业之死，不是宋太宗和诸位大臣的蓄意杀害，与其没有好好把握北宋政治制度的变化有关；归根结底，是北宋在“杯酒释兵权”之后，军事制度逐渐转化为将从中御这一权宜政策过程中出现的严重损失。

主要参考文献：[1] 蔡向升、杜雪梅：《杨家将研究·历史卷》，人民出版社 2007 年版。[2] 晁根池：《从宋太祖、宋太宗驭将策略看宋初社会的转型》，《学理论》2014 年第 3 期。[3] 聂崇岐：《论宋太祖收兵权》，《燕京学报》1948 年第 34 期。[4] 范学辉：《“将从中御”始于宋太祖考》，《安徽师范大学学报（人文社会科学版）》2006 年第 1 期。[5] 张其凡：《宋初兵制改革初探》，《暨南学报》1989 年第 4 期。[6] 王育济：《论“杯酒释兵权”》，《中国史研究》1996 年第 3 期。[7] 丁则良：《杯酒释兵权考》，《人文科学学报》1945 年第 1 卷第 3 期。[8] 武君：《试论宋太祖“杯酒释兵权”》，《甘肃社会科学》1979 年第 2 期。[9] 范学辉：《关于“杯酒释兵权”若干问题的再探讨》，《史学月刊》2006 年第 3 期。[10] 顾吉辰：《关于宋初“杯酒释兵权”的几个问题》，《中州学刊》1993 年第 3 期。

专题叙事

南京大屠杀
——日本侵略者“有计划的恐怖政策”

文 | 南京师范大学　经盛鸿

在对华侵略战争中，日本的战略策略，不仅包括以强大的军事力量在战场上击败与歼灭中国的军队，显示其不可战胜的“武威”，还包括在战后对拒不乞降、敢于抵抗的中国军民实行严厉的“膺惩”——中世纪式的屠城与法西斯的烧杀淫掠。两者结合，构成了日本当局以武力征服为手段、以屠杀恐怖为威慑的殖民侵略战争政策与顺之者为奴、抗之者格杀勿论的法西斯霸主逻辑。战后远东国际军事法庭判决书曾做出这样的分析与判断：“对都市或村庄居民实行屠杀以为报复，这就是日方所谓的‘膺惩’行为。这些行为在中日战争中一直未停过，其中最坏的例证就是一九三七年十二月对南京居民的大屠杀。”

南京大屠杀——侵华日军“有计划之屠杀”

早在 1937 年 8 月中旬，当松井石根受命率军离开东京前往中国前，就在与裕仁天皇、近卫首相及杉山元陆相商讨进攻上海与南京战事时表示，如果中国军民与中国政府在日军的武力进攻面前不肯求和乞降，继续“坚持民族主义”和“排日情绪”，那就“必须付出代价”。所谓代价，就是遭到日军疯狂的大屠杀。

图 11-1　松井石根 1937 年 1 月在上海

1937 年 10 月 8 日，松井石根在上海发表声明，对不肯屈服、正浴血抗战的中国军民与中国政府发出杀气腾腾的威胁：“降魔的利剑现在已经出鞘，正将发挥它的神威。”

日军在向南京进击的一路上，已经开始对中国人民烧杀淫掠。日同盟通讯社上海分社社长松本重治根据日军第十军随军记者所说，记述道：“柳川兵团之所以进军迅速，是因为默许官兵‘任意抢夺和强奸’。”

1937 年 12 月 8 日，松井石根在给据城顽抗的中国军民的《劝降书》中，再次赤裸裸地进行烧杀抢掠的恐怖威慑：“日本军对负隅顽抗的人将格杀勿论……贵军如果继续抵抗的话，南京将无法免于战火，千年的文化精髓将会毁于一旦，十年的苦心经营将也化为乌有。”

但《劝降书》被唐生智轻蔑地不予理睬。面对着十数万杀气腾腾的日军的战争威胁与疯狂进攻，装备低劣的南京守军进行了顽强的抵抗。从 10 日到 13 日的南京攻略战使日军伤亡惨重。日本的武力征服与战争威慑政策、日军速战速决的军事计划与战无不胜的神话，在南京城下再次遭受严重的打击与挫折。日本当局恼羞成怒。为了维护与修补它的

“武威”，再次论证与宣扬它的武力征服与恐怖威慑政策，日本周密策划并实施了在日军攻占南京后对南京军民进行“膺惩”的大屠杀，也就是松井石根所宣扬的、让拒降的南京军民“付出代价”。

1947 年 3 月 10 日，国民政府国防部审判战犯军事法庭对战犯、进攻南京的日军第六师团师团长谷寿夫的判决书指出：“日本军阀以我首都为抗战中心，遂纠集其精锐而凶残之第六师团谷寿夫部队、第十六师团中岛部队、第十八师团牛岛部队、第一一四师团末松部队等，在松井石根大将指挥之下，合力会攻，并以遭遇我军坚强抵抗，忿恨之余，乃于城陷后，作有计划之屠杀，以示报复。”

图 11-2　松井石根 1937 年 12 月进入南京

人性是复杂的。日军官兵，就像所有人一样，其人性中，本来既有着向善的一面，又有着向恶的一面。当他们身处于一个正常的民主、法治社会中时，在道德、法律和社会舆论的正确引导与约束下，他们人性中向恶的一面往往得到抑制，得到监督，得到惩罚，而不能发泄、张扬；

而他们人性中向善的一面，得到保护，得到表彰，得到推广，因而能够不断地发扬成长，有所作为：他们就成为正常的人，社会就成为正常的社会。而一旦他们被统治者煽动与引导，走上侵略战争的战场，失去了道德、法律和社会舆论的约束，他们人性中向恶的一面，就会急剧地、无限地膨胀；人性中向善的一面，就会迅速被压制，而不断缩小，以至消失：他们就会成为歇斯底里的战争狂人和无恶不作的杀人恶魔。

1937 年 12 月 13 日攻入南京的十多万日军官兵，就是这样一批歇斯底里的战争狂人和无恶不作的杀人恶魔。

南京成为血海尸山中的“人间地狱”

从 1937 年 12 月 13 日日军占领南京，十多万日军烧、杀、淫、掠所制造的“恐怖的时代”就开始了。

一位当时身处南京、目睹日军骇人听闻暴行的西方侨民记述了他的切身感受：“日军潮水一般涌入城内，坦克车、炮队、步兵、卡车络绎不绝。恐怖的时代随着开始，而且恐怖的严重性一天比一天增加起来。他们征服了中国的首都，征服了蒋介石政府的所在地，他们是胜利者，应该为所欲为，日本飞机曾散发传单，宣称日军是中国人唯一的真朋友，日军将保护善良的中国人。于是日军随意奸淫、掳掠和杀戮，以表示他们的诚意。”

日军首先把屠杀指向那些被俘的中国军队的伤病员与已经放下武器的中国军队官兵。

对在战场上俘获或投降的战俘，对已放下武器的敌军官兵，应该怎样处置，在 20 世纪初多次制定和修改的有关国际法中，都有明确的规定，即尊重战俘的生命权、人格权与个人财产权等，不得杀害、侮辱与抢劫等。

图 11-3　日军南京入城仪式

1929 年 7 月 17 日，日内瓦会议订立了《关于战俘待遇的公约》（简称《日内瓦公约》），其中明文规定：敌对双方对战俘生命的任何危害或对其人身的暴力行为，均应严格禁止，尤其不得加以谋杀或消灭。对战争中的普通难民，交战各国与国际社会更应予以保护与援助。这是每个现代国家都应遵守的起码的国际准则。日本政府在 1929 年 7 月 17 日也曾签署了《日内瓦公约》。然而，日军 1937 年 12 月 13 日攻克南京后，日本当局为贯彻实施他们对中国军民与中国政府的武力征服与恐怖威慑政策，并力图把这种政策的威力发挥到极致，从上到下逐级下达了屠杀全部战俘的命令，其中自然包括一切他们认为可疑的人——广大的中国普通民众。日方当局认为，敢于武装抵抗日军的中国军队是他们实施对华武力征服的最大阻力与障碍。只有不仅以战争击败中国军队的反抗，而且以战后杀俘、全部消灭中国军队官兵的肉体，才能彻底摧毁中国人民与中国政府的抵抗意志与战争工具，才能使中国真正畏服而迅速向日本求和乞降。

指挥进攻南京战役的日军最高长官、日“华中方面军”司令官松井石根大将不仅在南京战役前杀气腾腾地叫嚣“降魔的利剑现在已经出鞘，正将发挥它的神威”，而且在日军占领南京后，几次发出大规模搜捕与屠杀中国战俘的命令。12月15日，他通过“华中方面军”参谋长冢田攻发出指令：“两军在各自警备区内，应扫荡败残兵。”所谓“扫荡”，就是屠杀的代名词。12月18日，松井石根在第一次到南京“巡视”期间，又命令：“混杂的军人都应予以‘纪律肃正’。”所谓“纪律肃正”，也是指屠杀。

日“上海派遣军”司令官、日天皇裕仁的叔父朝香宫鸠彦王中将是日军进攻南京的前线指挥官，他也下达命令：“杀掉全部俘虏。”

日军进攻南京的主力部队第十六师团的师团长中岛今朝吾中将在1937年12月13日的《阵中日记》中写道：“基本上不实行俘虏政策，决定采取彻底消灭的方针。”

屠杀俘虏的命令层层下达。于是有“师团屠杀令”“旅团屠杀令”“联队屠杀令”乃至大队或中队的屠杀令等。

图 11-4　朝香宫鸠彦王像，1940 年摄

第十六师团第三十旅团第三十八联队联队长助川静二元大佐说："师团长吩咐，不要保存俘虏。"

第十六师团第三十旅团在 12 月 14 日午后 4 时 50 分下达命令："要消灭中国兵！""各部队在接到师团的指示后，不许收容俘虏！"

第一一四师团第一二七旅团第六十六联队第一大队《战斗详报（12月13日）》称："午后3时03分，从联队长接到如下命令：根据旅团部命令，俘虏全部杀掉。其方法可以十几名为一组枪杀。"

日军在攻入南京城时，首先对在中山门、光华门、通济门、雨花门、水西门一线内廓与城垣阵地上作战负伤、未及撤退而被俘的中国军队负伤官兵进行了集体屠杀。

在南京城东的中山门，日本《东京日日新闻》特派记者铃木二郎目睹了日军残酷屠杀中国被俘官兵的恐怖情景："在那里，我第一次遇上

图 11–5　放下武器的中国士兵也被屠杀

毫无人性的大屠杀。在 25 米高的城墙上站着排成一列的俘虏。他们一个接着一个被刺刀捅落到城外。许多日本兵提起刺刀，呐喊一声往城墙上的俘虏的胸、腰刺去，鲜血溅向空中。这情景阴森可怕，看着这情景，我久久茫然呆立在那里。”

接着，从 1937 年 12 月 13 日晨开始，日军以坦克车开路，从南京东部、南部、西南部的各城门攻入城内，迅速地沿着城内各条大、小街道，向城北追击；在这过程中，他们对最后撤退的中国掩护部队的官兵与大量的、惊慌失措地从家里逃出来的普通百姓不分青红皂白地加以扫射屠杀。正在南京城里并担任“安全区国际委员会”主席的德国西门子公司驻南京代表约翰·拉贝看到：“街道上到处躺着死亡的平民。”他在 12 月 14 日的日记中写道：“在开车穿过城市的路上，我们才真正了解到破坏的程度。汽车每开 100 米到 200 米的距离，我们就会碰上好几具尸体。死亡的都是平民，我检查了尸体，发现背部有被子弹击中的痕迹。看来这些人都是在逃跑的途中被人从后面击中而死的。”

日军的疯狂追杀使得南京的主要街道——从南到北横贯南京城的中山路与中央路等，成了“血路”。“当时，在城内马路上，挤满了难民以及国民党退下来的士兵和伤病员。……日本军不分青红皂白地向这些人群开枪，这两条马路变成了血的马路。在这两条马路上，数万人被杀……”“第二天，坦克部队也开到马路上来。履带压过了横在马路上的尸体……马路上血流成河，形成了两条血路。”

日本《东京日日新闻》特派记者铃木二郎当时随军在南京采访。他亲眼看到：“坦克发出履带的转动声，无情地压在上面飞驰而过。尸体的臭气和硝烟弥漫的臭气一起散发出来，犹如置身于焦热的地狱、血池的地狱，以致有了一种错觉，好像已经站到‘狱卒’的立场上了。”

再接着，日军对溃退到南京城北长江边未及渡江、在陷入包围中被迫放下武器的大约10名万中国战俘，以及无数的普通百姓，在长江边的中山码头、煤炭港、草鞋峡、燕子矶、三汊河等地以及汉中门外秦淮河边等城内外其他地方，分批进行了惨绝人寰的集体大屠杀。

日军第十六师团师团长中岛今朝吾中将在12月13日的《阵中日记》中写道：

图11-6 秦淮河边被屠杀的民众

败逃之敌大部进入第十六师团作战地区的林中或村庄内，另一方面，还有从镇江要塞逃来的，到处都是俘虏，数量之大难以处理。

事后得知，仅佐佐木部队就处理掉约15000人；守备太平门的一名中队长处理了约1300人。在仙鹤门附近集结的有七八千人，此外还有人不断地前来投降。

处理上述七八千人，需要有一个大壕沟，但很难找到。预定将其分成一两百人的小队，领到适当的地方加以处理。

据中岛今朝吾记载，仅在12月13日这一天，第十六师团就“处理”了24000名到25000名俘虏。

日军第十六师团第三十旅团旅团长佐佐木到一少将在12月13日的日记中这样写道：

俘虏接连不断地前来投降，达数千人。态度激昂的士兵毫不听从上级军官的阻拦，对他们一个个地加以杀戮。回顾许多战友的流血和10天时间的艰难困苦，即使他们不是士兵，也想说“都干掉”。

关于日军在长江边集体屠杀中国战俘，战后远东国际军事法庭在其判决书中写道：“好些中国兵在城外放下武器投降了。在他们投降后七十二小时内，在长江江岸被机关枪扫射而集体地被屠杀了。这样被屠杀的俘虏达三万人以上。对于这样被屠杀的俘虏，连虚饰的审判都没有实行过。”其实，在长江江岸被集体屠杀的中国战俘与平民远不止此数。

集体屠杀战俘最典型的一次发生在1937年12月16日夜间的草鞋峡。日本著名记者本多胜一在20世纪70年代采访过多位曾参加过这次大屠杀的日军第十三师团山田支队的官兵。他在其著作《通向南京之路》中，如实地记录了这些日军官兵所讲述的在草鞋峡集体屠杀中国战俘数万人的恐怖情景：

围成半圆形的重机枪、轻机枪和步枪，对着江岸的俘虏人群，同时连续地集中射击。一时间枪弹射击的爆裂声和人群痛苦的惨叫声响成一片，长江岸边变成了令人毛骨悚然的阿鼻地狱。……射击大概持续了一个小时。之后，整个屠杀现场至少没有一个是站着的。……当然，尸体堆里面肯定还有活着的人。……于是，想到的办法就是火烧。尸体都穿着厚厚的冬棉装，因此着起火来不容易熄灭，并且可以照亮夜空，给作业带来了方便。衣服一着火，不管怎么装死的都会动起来……只要看到有动弹的，我们就立即用刺刀捅死他。……这也是“作战”，是南京城内军司令部的命令——“俘虏，必须迅速干净地处理掉！”

日军在长江边对中国战俘与普通民众大规模的集体屠杀延续了多日，进行了多次。虽然日军在屠杀后用抛尸长江、纵火焚烧等方法企图毁尸灭迹，但毕竟尸体太多，因而在 1937 年 12 月中下旬那些日子里，南京长江边仍是尸积如山，血流成河，长江里则流淌着成千上万的尸体，形成了极为恐怖的景象。这给当时曾亲临其境的西方人以极大的震撼，也给日方一些良心未泯的人士以极大的刺激。从他们留下的文字中可以看到当时长江边的恐怖景象。第六师团第十三联队的二等兵赤星义雄在 12 月 14 日这天则看到了长江成了“死尸之江”的可怖景象：

站在码头上观看扬子江的流水，这时，一幅无论如何也令人难以置信的情景展现在眼前。两千米，不，也许还要更宽一些，在这宽阔的江面上，漂流着数不清的尸体。一望无际，满眼皆是尸体。江边如此，江中心也是如此。那不是士兵，而是老百姓的尸体，其中有成人，也有儿童，男男女女全都漂浮在江面上。尸体像“木排”样，缓缓地漂流着。朝上游看去，尸“山”接连不断。似乎可以想见，那接连不断的“山”是看不到边的。看来至少有五万人。而且几乎都是老百姓，扬子江的确成了“死尸之江”。

在日军完全控制了南京以后，在松井石根“扫荡败残兵”的命令下，各部日军在南京城内外，分区进行挨家挨户的严密搜查、抓捕与屠杀已脱下军装的中国“便衣兵”，这其中既有为数众多的、四散溃逃隐匿的中国军队官兵，但更多的则是普通青壮年百姓，只是因为他们头发上有戴过帽子的痕迹或手上有老茧，或者只是因为他们被日军认为“可疑”，就被日军任意地抓捕杀戮：有些是被日军随意地零星枪杀，有些则是被日军集中到汉中门外秦淮河边、中山码头等地，进行大规模的集体屠杀。这种抓捕与屠杀一直延续到 1938 年 1 月底。中国军民的尸体满布南京的大街小巷、屋内屋外。幸存者伍长德原是南京的一名普通警察，他当时弃家，躲进了“国际委员会”办的难民区。1937 年 12 月 15 日下午，一帮日军闯进难民区，把两千多名中国难民绑起来带到汉西门外。伍长德看到 4 挺重机枪分架在两边。等一队同胞被驱赶到中间时，日军立即开枪扫射，同胞们纷纷倒下。当伍长德和同胞们一起被赶进射击圈时，没等枪响，伍长德先倒在尸堆上，躲过了枪击。日军枪击以后，又挨个捅刺刀，伍长德的

图 11-7 日军在汉中门外秦淮河边将屠杀后的尸体浇上汽油焚烧

后腰挨了一刀，血流如注。但日军还不罢手，又往被杀害者身上浇煤油，点火焚烧，然后才离开。伍长德身上也着了火，他痛得翻身滚下护城河，才幸免于死。

日军第十六师团第三十旅团旅团长佐佐木到一在 1937 年 12 月 14 日的《阵中日记》中记载："城内外的扫荡，全由两个联队的部下掌握。潜伏在各处的残兵败卒被拉了出来。但他们的武器都已被丢弃或隐藏起来。三百名、一千名，大批俘虏接连而来。……整天可以听到各地传来的枪声。死尸填满了太平门外很宽的护城河。"

图 11-8　日军强占设于外交部大楼、由国际红十字会管理的中国伤兵医院，屠杀伤病员

日军在搜捕屠杀战俘时，对普通民众中的青壮年有意识地加以大规模的捕杀。第九师团第六旅团在"城内扫荡命令"中指示："青壮年可全视为败残兵和便衣兵，要全部将其逮捕监禁。"

对敢于赤手反抗日军暴行的中国军民，日军就会立即进行大规模的血腥报复。日本随军作家石川达三在 1938 年 1 月到南京采访后所写的《活着的士兵》中，记述了这样一次事件：

前天下午，两个到城外去征集蔬菜的士兵失踪了。因此，昨天早晨派出了五十名士兵，分头到他们可能去的那一带的居民家里翻箱倒柜地搜查。在一家居民的垃圾堆里，发现了其中一个士兵用过的烟盒。估计他们两人一定是在被惨杀后抛进了水池里。

图 11–9 日军残杀中国战俘与平民，旁观日军以此为乐

士兵们立即把附近居住的中国人全部赶到了一起，威胁说：“假如不供出是谁干的，就杀死所有的人！”罪犯是五个男人。不用说，他们当场就被处决了。笠原下士介绍了处决的情况：“简直像用木棒敲打水中的橡皮球一样，一棒子打下去，鲜血咕嘟咕嘟地冒出来，流出的鲜血还冒着热气呢！”

日军连续多日搜捕与屠杀，使南京城成了一个名副其实的屠场，到处都是被日军捆绑、驱赶去刑场的中国军民，到处都响着枪声与哭叫声，到处都是尸体与鲜血，到处都是恐怖的景象。一直到1938年1月，即日军占领南京约 1 个月后，日军的屠杀仍在继续。1938 年 1 月 7 日拉贝在其日记中记录了几起中国平民惨遭日军屠杀的事件："一个妇女神情恍惚地在街上到处乱跑，有人把她送进了医院，听说她是一个 18 口之家的唯一的幸存者，她的 17 个亲人都被枪杀或刺死了。她住在南门附近。另一个来自同一地区的、同其兄弟一起被安置在我们的一个难民收容所的妇女失去了父母和 3 个孩子，他们都是被日本人枪杀的。她用最后的一点钱买了一口棺木，为了至少能收敛死去的父亲。日本士兵知道了这个消息，就抢去了棺木盖，抛尸于街头。中国人是不必被收殓的——这是他们的解释。而日本政府声称，它不同手无寸铁的平民作战！"

1947 年 3 月 10 日中国国民政府国防部组织的审判（日本）战犯南京军事法庭查证：日军在南京大屠杀中，大规模集体屠杀共有 28 案，屠杀 19 万多人；零星屠杀有 858 案，屠杀约 15 万人。总计日军屠杀中国战俘与难民达 30 余万人。

1948 年 11 月 4 日，远东国际军事法庭经两年多时间开庭审问调查后判决："在日军占领后最初六个星期内，南京及其附近被屠杀的平民和俘虏，总数达二十万人以上。这种估计并不夸张，这由掩埋队及其他团体所埋尸体达十五万五千人的事实就可以证明了。根据这些团体的报告说，尸体大多数是被反绑着两手的。这个数字还没有将被日军抛尸入江，或以其他方式处理的尸体计算在内。"

日军疯狂的抢劫、焚烧、奸淫暴行

日军除了进行了骇人听闻、持续多日的血腥大屠杀外，还同时进行疯狂的抢劫、奸淫、焚烧。

1. 关于抢劫

拉贝在 1937 年 12 月 14 日的日记中记载了他亲眼所见日军的疯狂的抢劫行动：

> 日本人每 10 人至 20 人组成一个小分队，他们在城市中穿行，把商店洗劫一空。如果不是亲眼目睹，我是无法相信的。他们砸开店铺的门窗，想拿什么就拿什么，估计可能是因为他们缺乏食物。我亲眼目睹了德国基思林糕饼店被他们洗劫一空。黑姆佩尔的饭店也被砸开了，中山路和太平路上的几乎每一家店铺都是如此。一些日本士兵成箱成箱地拖走掠夺来的物品，还有一些士兵征用了人力车，用来将掠夺的物品运到安全的地方。……贝茨博士报告说，甚至连安置在安全区内房子里的难民们仅有的一点点东西也被抢走了，就连仅剩的 1 元钱也逃不出闯入者的手心。

日军在抢劫中国居民、机关、工厂、商店、学校的同时，甚至对居住在南京的外国侨民与各国驻南京外交机构的房屋财产也进行抢劫，可见其抢劫已达到疯狂的程度。拉贝在 1938 年 1 月 8 日的日记中揭露日军“对 60 栋德国人的房屋中的 40 栋进行抢劫并把两栋房屋彻底烧毁”，“美国人甚至有 100 多所（约 120 所）房子被日本士兵抢掠或破坏”。

对日军在南京城的抢劫罪行，当时滞留南京的金陵大学美籍教授、社会学家刘易斯·史迈士在 1938 年 3 月开始专门组织调查，历时约 3 个月，在 1938 年 6 月写成调查专著《南京战祸写真》，其中写道，“（日军）‘抢劫’大体上涉及城里百分之七十三的房屋”，其中，“在城里，城北区被抢劫的房屋多达百分之九十六，城北东区是百分之八十五，只有一个区低于百分之六十五，那就是安全区，

图 11-10　1937 年 12 月 15 日，日军利用汽车、马车、自行车甚至童车掠夺财物

在这里房屋遭到抢劫的占百分之九"。南京房屋与房内财产总损失达 2.46 亿元；南京市民平均每一家损失 1262 元。

日军在抢劫以后，往往就是焚烧，包括焚烧中国的军政机关、商店、文化古迹与居民房屋。日军对南京大规模纵火焚烧的原因，首先是为了破坏中国的经济，毁灭中国的文化教育，破坏中国人民的正常生活，进一步加强对中国政府与中国人民的恐怖威慑；同时也是为了掩盖他们疯狂抢劫后的痕迹。

西方侨民在日记里多次记载了他们亲见的日军纵火焚烧南京的场景。

1937 年 12 月 19 日，拉贝在日记中写道："我们房子的南北两面都发生了巨大的火灾。由于水厂遭到了破坏，消防队员又被日本士兵抓走了，所以我们爱莫能助。国府路整个街区好像都烧了起来，天空被火光映照得如同白昼。" 1937 年 12 月 20 日，拉贝在日记中写道："在不远的地方又有一大片房子燃烧起来，其中也有基督教青年会大楼。人们几乎不得不相信，纵火是在日本军事当局知道并且纵容下发生的。”

1937 年 12 月 21 日，拉贝在日记中记载了日军在南京城内多处纵火焚烧的罪迹，并分析了日军纵火的原因：“毫无疑问，日本人正在纵火焚烧城市，可能仅仅是为了抹去他们洗劫掠夺的痕迹。昨天晚上，城市有 6 处火灾。其中一处较大的火灾发生在珠江路（是沿我南面院墙的广州路的延续）。……夜里 2 时 30 分，我被院墙倒塌声和屋顶坍塌声惊醒，大火已经蔓延到了主要街道中山路，这个时候危险是很大的，因为大火会蔓延到我的住处和中山路之间的最后一排房子。”拉贝还指出日军“先抢劫，然后纵火”的规律：“现在我们已经了解到这类火灾的前兆迹象了：只要有大批卡车出现，那么稍过一会儿，房子就会燃起熊熊大火，这就是说，先抢劫，然后纵火。”

就在 1937 年 12 月 21 日这天下午，拉贝与留在南京的全部西方人士，共 22 人，集体整队前往日本驻南京的大使馆，向日方递交了一封信，向日方提出三项要求。其中重点讲了日军在南京的抢劫与纵火，指出：“抢劫和纵火已经使得城市的商业生活陷于停顿，全部平民百姓因此而拥挤在一个大难民收容所里。”他们要求日方当局“制止在城市大部分地区纵火，以免尚未被毁坏的其余城区继续遭到肆无忌惮的有组织的破坏”。拉贝向日使馆人员申明：“我们和中国人的观点是一致的，即这座城市将会被全部烧光。”在拉贝 12 月 21 的日记中，收录有这天“安全区国际委员会”的内部卷宗档案《南京市区内纵火记录》，记录了日军入城后的纵火暴行。

但是西方人士的交涉与抗议的效果等于零。日军的抢劫与焚烧在南京城内外继续进行。

拉贝在 1937 年 12 月 22 日的日记中写道：“有组织的纵火活动仍

然在继续进行。”

金陵女子文理学院美籍教授明尼·魏特琳在 1937 年 12 月 22 日的日记中写道：“大火仍然映照着南面与东面的天空，很明显，所有的商店都被抢劫，然后放火焚烧。我不想看南京，因为我肯定它已是一片废墟。”

拉贝在 1937 年 12 月 28 日的日记中写道：“纵火事件不断。”

1938 年 1 月 9 日回到南京的德国驻华大使馆留守南京办事处政务秘书罗森，在 1 月 15 日给德国外交部的报告中说：“日本人的数周恐怖统治使得城里的商业区，即太平路地区和所谓波茨坦广场（指新街口广场）以南的整个地区在肆无忌惮地掠夺之后变成一片瓦砾，只零星可见一些建筑物的残垣断壁。日本军队放的大火在日军占领一个多月之后至今还在燃烧……日军在南京这方面的所作所为为自己竖立了耻辱的纪念碑。”

战后远东国际军事法庭在判决书中说：“在日本兵抢劫了店铺和仓库以后，经常是放一把火烧掉它。最重要的商店街的太平路被火烧掉，

图 11-11　聚集在收容所里的难民

并且市内的商业区一块一块地、一个接一个地被烧掉了。日本兵毫无一点理由地就把平民的住宅也烧掉。这类的放火在数天以后，就像按照预定的计划似的继续了六个礼拜之久。因此，全市的三分之一都被毁了。”

2. 关于强奸与轮奸中国妇女的性暴行

南京大屠杀同时也是一场南京大奸杀。日军在对南京军民实施屠杀、抢劫与焚烧的同时，始终伴随着对中国妇女的大规模的、持续多日、毫无掩饰与毫无节制的疯狂强奸、轮奸和奸后摧残、屠杀。

日军的疯狂奸淫活动，也是日本最高军政当局在攻略南京中实施的恐怖威慑政策的重要组成部分。日本最高当局要让中国人民认识到，日本军事力量的强大与恐怖，不仅有战争、屠杀、抢劫与焚烧，还有对中国妇女的威胁。进占南京的日军提出的口号是:“征服中国女性！”“凭力量找女人！”因此，日本军政当局对日军在南京的疯狂奸淫活动，不仅不认为是一种罪恶、一种耻辱，不仅不加以禁止或节制，反而认为是一种战胜者的荣耀与征服者应享有的“战果”，是“增长士气的一种必要手段”，进行公然的倡导与纵容。

日本随军作家石川达三在 1938 年 1 月初到南京采访后写成的纪实作品《活着的士兵》中，真实地记述了长期接受军国主义与法西斯教育的日军官兵在向南京进攻期间，就对奸淫中国妇女充满了野兽般的渴望与期盼，作品这样写道:

向南京进军！向南京进军！

南京是敌国的首都，士兵们为此感到兴奋。南京与常熟、无锡不同，打下了南京，就意味着取得了决定性的胜利。他们不再感到无聊了。

在行军的队列中，日本军马的数量逐渐减少，中国马和水牛的数量在增加，而且随军的中国民夫的人数也在增加，成了行军的独特风景

图 11-12 南京大屠杀形势图

线：中国人在帮助日本人进攻南京，他们牵着水牛，穿着膝盖鼓鼓的黑棉裤，光着脚，急匆匆地走着。士兵们抽着烟，与他们并排走着，有时用扛着枪的右肘捅一下他们的肩问道："你，南京，花姑娘，多多的有？"当他们听懂了这种口齿不清的话语后，在满是污垢的脸上轻轻浮起难看的微笑，简短地回答："有……"于是士兵们点着头笑起来，情不自禁地喊道："太好了！"

日军从占领南京的第一天——1937 年 12 月 13 日起，就像恶狼、像饿虎、像疯狗一样，在全城到处追逐、搜索妇女，穷凶极恶，不分年龄与职业，不管是孕妇或病妇，进行惨无人道的奸淫与摧残。

幸存者夏淑琴家就是受难的典型。她当年只有 8 岁，家里共有 9 口人：外祖父聂佐成（70 多岁）、外祖母聂周氏（70 多岁）、父亲夏庭恩（40 多岁）、母亲夏聂氏（30 多岁）、大姐夏淑芳（16 岁）、二姐夏淑兰（14 岁）、大妹妹夏淑芸（4 岁）、小妹妹夏淑芬（1 岁）和夏淑琴，一家人住在城南新路口 5 号一哈姓（伊斯兰教徒）的房屋里。1937 年 12 月 13 日上午，一队日本兵约有 30 人，来到她家门前敲门。哈姓房主刚刚打开门就遭到枪杀。夏淑琴的父亲看到这个情况，就跪在日本兵面前，恳求他们不要杀害其他人，也被日本兵用枪打死。夏淑琴的母亲吓得抱着 1 岁的小妹妹躲到一张桌子下面，被日本兵从桌子下面拖出来，日本兵从母亲手中夺过小妹妹，把她摔死在地上，接着他们扒光了母亲的衣服，几个日本兵对母亲进行了轮奸，然后用刺刀把她杀死，并在她下身里塞进一只瓶子。几个日本兵闯进隔壁房间，那里还有夏淑琴的外祖父、外祖母及两个姐姐。日本兵要强奸两个姐姐，外祖父和外祖母拼命护着她们，均惨遭枪杀。日本兵撕下两个姐姐身上的衣服进行轮奸，轮奸后又用刺刀刺死她们。日本兵还将外婆的竹手杖插进了大姐的下身里。当时夏淑琴躲在床上的被子里，由于恐惧，吓得大哭，被日本兵用刺刀在背后刺了三刀，当即昏了过去，不省人事。就这样，夏淑琴家 9 口人在很短的时间内被日本兵杀死了 7 口人。也不知过了多久，夏淑琴被 4 岁妹妹夏淑芸的哭声惊醒，看到周围全是亲人的尸体，姐妹俩哭喊着要妈妈……她们到处找吃的东西，幸好家里有些炒米、锅巴，渴了就在水缸里舀冷水喝。就这样，她们与亲人的尸体一同生活了 14 天。后来，她们被西方侨民发现，从死人窝里捡出和救护，被“老人堂”（慈善机构）和舅舅收养。夏淑琴一家的悲惨遭遇是南京人民苦难的缩影。在 2014 年 12 月 13 日首届“南京大屠杀死难者国家公祭日”仪式上，85 岁的夏淑琴老人与国家主席习近平以及 13 岁的少先队员阮泽宇一道，为“国家公祭鼎”揭幕。

日军对已经逃入由西方中立国家侨民组成的“国际委员会”所设立的“安全区”，即难民区中的妇女，也公然施暴强奸。金陵女子文理学院难民所是专门收留年轻妇女的地方，因而被日军视为猎取猎物的主要目标。1937 年 12 月 18 日，金陵女子文理学院难民所负责人程瑞芳在日记中写道：“这些日本兵猖狂极了，无所不为，要杀人就杀人，要奸就奸，不管老少。有一家母女二人，母亲有六十多岁，一连三个兵用过，女儿四十多岁，两个兵用过，都是寡居，简直没有人道。”金陵女子文理学院难民所负责人、美籍教授魏特琳女士当日写信向日本领事馆求助，日本领事馆敷衍地派两个宪兵到学校。但是，在当晚，“宪兵在前面睡，晚上还是有兵进来，到五百号客厅许多人之中强奸。今日白天有两兵到五百号，房门口站一兵，里面一兵叫别人出去，留下一年轻女子强奸”。甚至那派来的宪兵，也“将姑娘拖在院子里奸，不是人，是畜牲，不管什么地方”。1938 年 1 月 1 日，程瑞芳在日记中记载：“（日军）今日中午进来，有一姑娘在外面，把这姑娘抱到三百号后面竹子处，把姑娘的衣服脱了将要奸，华（魏特琳）赶到了一叫，那兵跑了，所幸快，那姑娘没有受害。那个地方顶不干净，尿屎都有，那个姑娘衣服上都是屎，这个兵还算是人吗？青天大白日，简直是畜牲。”

1938 年年初，担任“南京安全区国际委员会”主席的约翰·拉贝在呈交给德国外交部的报告中称：“南京陷落后一个月内，2 万多名妇女被日军强奸。”

1948 年 11 月 4 日，《远东国际军事法庭判决书》认定：“（在日军攻占南京后，）强奸事件很多。不管是被害人或者是为了保护她的家族，只要稍微有一点抗拒，经常就得到被杀害的处罚。全城中无论是幼年的少女或年老的妇人，多数都被奸污了。并且在这类强奸中，还有许多变态的和淫虐狂行为的事例。许多妇女在强奸后被杀，还将她们的躯体加以斩断。在（日军）占领后的一个月中，在南京市内发生了二万左右强奸的事件。”

在第二次世界大战的各主要参战国家中，由于民族性格、军队素质，尤其是国家与军方实施的教育、军队指挥官与军纪约束的不同，军队的性暴行犯罪记录大相径庭。据有关专家研究，英军的素质最高，“无论在私人回忆，还是历史档案记载，涉及英军士兵个体强奸平民的记录都比较罕见，而英军集体性的性放纵记录更是闻所未闻”；中国国民政府的远征军于1942年进入缅印等国作战，军纪严明，未见有性犯罪的记录；1945年3月到4月攻入德国、长驱直入的美军有约160万，发生并“审理了487起强奸个案，犯罪人数约占军队总人数的万分之三”；纳粹德国的军队虽残暴成性，但“强奸风潮在德国军队中从未发生。少量的个案受到了德国军事法庭的处罚”，这不单是因为他们有“重视荣誉的传统”，还因为他们认为这会造成“种族异化”，害怕“性病影响战斗力”。只有日军，强奸、轮奸等性暴行犯罪始终极其严重而恶劣。

日军在侵占南京后所疯狂进行的烧、杀、淫、掠等战争暴行，使南京变成了人间活地狱。拉贝写道：“这是一个无休无止的岁月，无论人们怎么想象都丝毫不会过分。”

正因为烧、杀、淫、掠是日本最高军政当局既定的恐怖威慑政策在南京的实施，因此，在1937年12月18日下午，日“华中方面军”在南京明故宫机场举行“慰灵祭”后，当松井石根迫于国际舆论压力，训诫其部下将领要约束官兵军纪时，在场的日军将领们的反应竟然是：“大家笑了起来，某师团长甚至说那是理所当然的。”这位“某师团长”就是数日后被松井石根任命为日军南京地区警备司令官的第十六师团师团长中岛今朝吾中将。他多次宣称，日军官兵强奸妇女“在战争中是不得已的”。他在1938年1月初对来自东京日陆军省的人事局长阿南惟几说:“中国人什么的，有多少杀多少。”拉贝等西方侨民也从血的事实中认识到:“我们原先期望随着最高指挥官（松井石根）的到达能恢复秩序，但是遗憾的是，我们的愿望并没有实现。正相反，今天的情况比昨天还要糟糕。”

日方当局的“有计划的恐怖政策”及其破产

日军攻占南京，是日本自明治维新以来，第二次攻占政治中心。在此之前37年，1900年8月14日，日军以山口素臣中将为师团长的第五师团，以参加八国联军的名义，先于俄、英、美等国的军队，首先攻入北京城。清王朝慈禧太后与光绪皇帝在仓皇逃出北京后，一改数日前还支持义和团抗击外国军队的态度，急忙派权臣李鸿章向外国占领军乞降议和。派出占领军的列强各国在通过签署《辛丑条约》取得了众多权益后，宣布胜利。

1937年12月，占领南京后的日本最高当局希望1900年的历史重演。为了向中国政府与中国人民显示日军的“军威”与炫耀日军攻占国民政府政治中心南京的巨大胜利，对中国人民与中国政府进行战争恫吓与恐怖威慑，日本当局在日军攻占南京后仅四天，即12月17日，在日军正对南京进行屠城的高潮中，就急不可耐地组织了一场盛大的日军占领南京的“入城式”，标志着日本对南京的正式军事占领。

1937年12月18日下午4时，松井石根在南京还特地召见了“华中方面军”掌管对外宣传的报道部部长深堀游龟中佐，讲述了他指挥所部攻占南京的“观感”，说：“本人对于遭受战祸的数百万江浙地方无辜民众的损失，实不胜其同情之念。在这样的时候，特别期望中国四万万人民加以反省。”

松井石根要中国四万万人民“反省”什么呢？无非是要中国人民与中国政府从南京保卫战的惨痛失败与这可怕的南京大屠杀事件中认识到：中国是无法抵抗与战胜强大的日本军的进攻的，中国对日本的种种

图 11-13　八国联军进入北京

政治、经济、军事、领土等的侵略要求，乃至对日本的武力征服政策，等等，只有迅速地、全部地接受，即停止抵抗、求和乞降，心甘情愿地做日本的殖民地与附属国，心甘情愿地做亡国奴，成为日本的臣民，听凭其宰割、霸占、掠夺与欺凌，才能求得一线生机，才能避免可怕的屠杀与毁灭。这就是松井石根讲话的“真谛”，这就是日本最高当局的用心与目的。

对日本当局纵容与组织日军在南京进行连续多日的血腥大屠杀，以实施其对中国的武力征服与恐怖威慑政策，当时留驻南京的西方侨民与西方记者有了日益深刻的认识与日益深刻的揭露。金陵大学的美籍教授贝德士在 1937 年 12 月 27 日致日本驻南京使馆官员的信中指出，日军在侵占南京后所实施的政策，是一种“军事恐怖主义”。英国《曼彻斯特导报》记者田伯烈在《外人目睹中之日军暴行》一书中写道：“日本军在中国所犯种种暴行，难道只是士兵们在胜利的高潮中之越轨行动的结果吗？还是在多大程度上反映了日本军当局所采取的有计划的恐怖政策？也许有读者产生这样的疑问。事实告诉我们，结论是后者。”

历史的发展又一次出乎日本最高当局的预料。日军对南京的武力侵占与疯狂屠杀，并没有使中国军民与中国政府害怕与屈服。南京沦陷后，中国的抗战事业与中国军民的心理确实曾遭受了沉重的打击与挫折，中国军民陷入巨大的悲愤之中。但是，中国人民并未因此沉沦。在这举国同悲的时刻，蒋介石在南京失陷的当天，他在“前线某地”（江西九江星子）发出通电《宣言》，表示了决不以南京失陷而动摇抗战国策的决心。1937 年 12 月 14 日，中央社发布了关于蒋介石通电《宣言》的电讯，全国各报刊都迅速刊登了这则“中央社讯”。武汉《大公报》（汉口版）在第 2 版头条位置刊登了这则“中央社讯”，标题为《蒋委员长发表宣言，继续抵抗敌军侵略》，副题为《退出南京绝不致影响既定国策》，说：

“国军退出南京,绝不致影响我政府始终一贯抵抗日本侵略原定之国策，其唯一意义，实只有更加强全国一致继续抗战之决心。”

设在上海租界的《大公报》（沪版）由于受到日军当局的压迫，于1937年12月14日出版停刊号,宣布第二日停刊,发表社评《不投降论》,庄严宣告：“我们不怕失土丧师，万万不能投降。”这篇饱含悲愤与血泪的社评迅速传遍海内外，感动与鼓舞了无数中华儿女的抗日斗志。

历史最终证明，南京之战与南京大屠杀，既是日本最高当局对华推行武力征服与恐怖威慑政策的最高峰，也是这一政策走向失败的开始。

欽命粵海關
欽命粵海關

专家视野

丝绸之路的前世今生
——暨南大学马建春教授专访

采访者 | 孙洁　贾凯月

马建春，暨南大学中外关系研究所所长、教授、博士生导师，《暨南史学》主编，中国中外关系史学会副会长，中国丝绸之路研究专业委员会会长，国家社科基金重大项目“‘海上丝绸之路’古代中东商旅研究”首席专家。1999年获选省级“高等学校跨世纪学科带头人”，先后主持国家社科基金、教育部社科项目、教育部人文社科重点研究基地项目、教育部古籍整理委员会项目及省、

图12-1　马建春像

市社科项目 9 项；出版著作 6 部，与人合撰著作 6 部，在学术期刊发表论文 90 余篇；曾获省级哲学社会科学优秀成果一等奖、二等奖等数项奖励。主要研究领域为中外关系史和民族史。

编者按：国家主席习近平提出建设“丝绸之路经济带”和“21 世纪海上丝绸之路”的两个重大倡议，引发国际社会的高度关注。此后，“一带一路”建设取得了诸多喜人的成果，飞驰的列车与货轮续写着昔日声声驼铃的传奇。为进一步推动中国与“一带一路”沿线国家之间民心相通，加深理解和认同，《中国国家历史》特邀请马建春教授参与访谈，形成此文，共话丝绸之路的前世今生。

《中国国家历史》（以下简称“《中》”）：马教授，您好！很高兴您接受《中国国家历史》的专访。我国政府积极推动“一带一路”即“丝绸之路经济带”和“21 世纪海上丝绸之路”的建设。谈到丝绸之路，我们一般认为它分为陆上丝绸之路和海上丝绸之路，您对“丝绸之路”一词的命名是如何理解的？

马建春（以下简称“马”）：“丝绸之路”一词的出现，与前来中国进行学术考察的西方学者有关，它首先由晚清来华的德国地质学家李希霍芬 1877 年在其《中国》（第一卷）一书中提出。此后这一概念在西方汉学界获得认可，渐渐地亦被中国学者所接受和运用。同时，丝绸之路国内外有不同的称谓，陆上尽管一些路段尚有“麝香之路”“玉石之路”之别称，但通称“丝绸之路”少有异议。而海上就有诸多叫法，如“陶瓷之路”“香料之路”“白银之路”“茶叶之路”等，都是根据古代海上贸易中占主导地位的物品加以命名的。

自唐宋以来海上贸易以陶瓷为大宗，这是因为陶瓷产品以海运方式

图 12-2 李希霍芬像，1880 年摄

运输较为安全，故有人亦以“陶瓷之路”称“海上丝绸之路”；至清初，海上输出以茶叶为主，又有称为“茶叶之路”的；一些国外学者依据历史上输入东方之主要物品——香料、白银，而称海上丝绸之路为“香料之路”或“白银之路”。但丝绸之路之名仍是对古代海上东西方通道最早的称谓，因丝绸之路一名于学界出现后，一些学者以为古代丝绸不仅经由陆道运往西方，也通过海上航路。法国汉学家沙畹因此在其所著《西突厥史料》中提出，“丝路有海陆两道”。之后日本学者三杉隆敏以此为名，于 1967 年出版了《探索海上的丝绸之路》一书，香港学者饶宗颐先生亦以“海上丝绸之路”之名进行相关学术研究，学界遂相沿成习，多用此称。

我们一般讲陆上丝绸之路，主要指的是由古代长安穿越中亚通向地中海东岸中东地区，经过沙漠和绿洲的商道。有学者也把欧亚内陆草原通道称为“丝绸之路”，亦即丝绸之路草原道。所以，作为陆上交通的丝绸之路比较复杂，学界基本把它分成东段、中段和西段，亦有以秦陇道、东段、中段和西段划分的。仅中国境内由长安到狭义上的西域，即今天新疆的商道，就有所谓的南道、中道、北道三条路线。丝绸之路进入中亚后，线路更为复杂，且常因政治格局的变化而发生改变。

当然，古代中国丝绸输出的通道很多，不限于以上所提到的陆上、海上丝绸之路。中印缅道是从中国西南经缅甸通往印度的道路，国内文

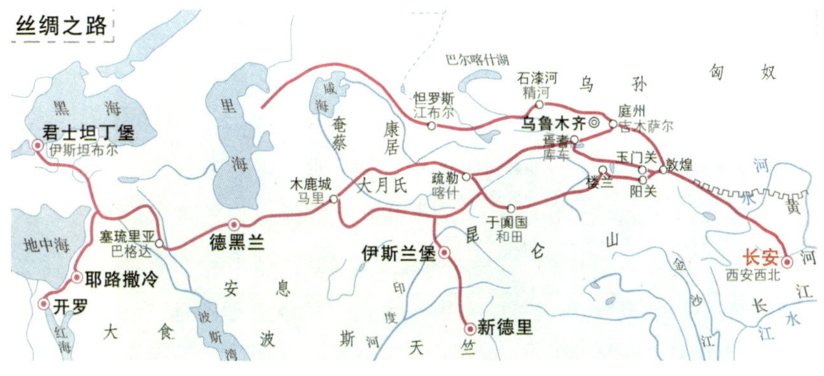

图 12-3 丝绸之路路线图

献称之为“蜀身毒道”。汉唐时期南亚诸国与中国交往常行此道，而丝绸无疑是这一贸易通道上的大宗商品，学者因此也称其为“西南丝绸之路”。今有学者甚至将“唐蕃古道”等由内地经西藏、尼泊尔至印度的通道，称为“高原丝绸之路”。另外，许多涉及中西方古代交通的道路，国内外叫法不一。国内文献多以代表性地域命名，如汉朝的“蜀身毒道”“罽宾乌弋山离道”，南北朝时的“吐谷浑道”，唐朝的“安西入回鹘道”“安南通天竺道”“广州通海夷道”等。而国外则按照商人所走道路，描述其起止地及所经地域，因时代差异、路线变化，其所记线路、名称多有不同。从 9 世纪阿拉伯人伊本·胡尔达兹比的《道里邦国志》及 14 世纪意大利人裴哥罗梯的《通商指南》中即可看到这一特点。

总之，丝绸之路这一命名由中国输出丝绸而得名。丝绸质轻，方便运输，不易损坏，陆上东西方贸易商品基本以丝绸为主，而且丝织品是广大西域地区最受欢迎的商品之一；海上通道也因丝绸在古代中外贸易中长期具有重要地位，加之丝绸之路名称本身又有高度的概括性和深刻的内涵，丝绸之路之称乃得到学界及国内外不同层面人们的广泛认可。

《中》：丝绸之路的贸易过程具体是什么样的呢？

马：一般认为，丝绸之路是汉武帝时由张骞凿空开始的。其实自丝织业在中国兴起，中国就有了与域外的交易。《穆天子传》讲周穆王西巡，曾自“群玉之山”西至“西王母之邦”的中亚地区，并给当地人带去了丝绸等礼物。20 世纪 70 年代，在吐鲁番盆地西缘阿拉沟东口地段发掘出一批古代墓葬。其中第 28 号墓葬经测定距今 2620 年左右，亦即春秋时期。墓中出土有 1 件凤鸟纹刺绣，考古专家以为它应是产自中原的物品。这些文献及考古发现表明，中国内地与西域地区居民很早就已发生联系。需要说明的是，虽然前秦时期，东西方间已有经济交往，而且不乏规模，但不容置疑，由国家有意识地提倡和有效地组织推行，并形成行之有序的交流形式，始于汉朝。从这一层面看，张骞通西域，无疑具有凿空的意义。亦即自张骞通西域始，中国与西域间的经济交往逐步由原来的民间自由贸易往来，发展为由官方主导的对外商业行为。自此以后，以中央王朝为核心与域外的朝贡贸易乃成为中外经济交往的主流。

丝绸之路古代陆海贸易多表现为转口贸易，无论陆地，还是海上，都不常是一通到底的，短途转口贸易占有较大的比例。汉朝最早输入罗马的丝织品，就是由中国经中亚大夏，再通过安息（波斯）转运过去的。西方文献中常提到的帕提亚，指位于伊朗高原的安息。汉使甘英曾至其地，欲与大秦（罗马）通贸易，但被安息人误导，其时波斯商人基本控制了东西方转口贸易。汉朝以后，中亚善经商的粟特人亦未能越过波斯地界，将丝绸等商品输往西方，欧洲史籍中就少有关于他们的记载。广东阳江“南海一号”的发掘，是海上丝绸之路的重大发现。“南海一号”所载商品以瓷器为主，但其档次不高，目前学者多以为它应该是短途输往东南亚地区的商品。数十年来，南海海域多有古沉船发现，由其船舶规模、载运商品看，多数属短途航运。

图 12–4 南海一号博物馆所藏的青影碗

转口贸易使得陆上、海上丝绸之路出现一个个商业节点，这些节点似星罗棋布遍置于丝绸之路通道，带动了这一商业线路的繁荣。陆上丝绸之路的节点一般处于绿洲地区商业发达的城市，如西出新疆后的赫拉特、撒马尔罕、布哈拉、木鹿、阿蛮、亦思弗罕、失刺思、帖别列思、阿勒颇、天方等，都是丝绸之路陆地重要的商业节点。而海上自东向西从早期的日南、三佛齐、爪哇、黄支、巴士拉、尸罗夫、瓮蛮等港口，到后来的渤泥、满剌加、苏禄、南渤利、苏门答腊、哑鲁、榜葛剌、锡兰、柯枝、古里、溜山、忽鲁谟斯、乞力麻儿、沙里湾泥、剌撒、祖法儿、阿丹等口岸，货物一站站接运转口，使得海上丝绸之路贸易的中转特征更加突出。而各国以港口为中心又形成了各自的贸易线路与网络，他们将需要的海舶商品运上岸，又把自己的方物特产送上船，乃联动了整个南海、印度洋沿岸国家的商业网点。所以，无论海上还是陆地，丝绸之路多以这种形式进行贸易传输。虽然转口贸易利润可能不大，但风险相应小一些，贸易也更为稳妥。

尽管如此，古代长途贸易运输在陆上、海上丝绸之路中依然据有重要地位。早在东汉，马其顿巨商梅斯就曾派商团由希腊半岛，经安息、大夏至中国洛阳，贩运大批丝绸等商品回国。阿拉伯帝国兴起后，由阿拉伯半岛、波斯湾经印度洋、南海到中国广州、福州、扬州等港口的海上直线贸易也得以开通。伊朗、土耳其、伊拉克、埃及等中东各国传世遗存的中国历朝瓷器，都非常精美，它们都应是长途贸易的产物。因为长途贩运的物品一定是最好的、最贵重的，只有这样才能卖出最好的价钱，获得最大的利润。由于陆地长途贸易路多险阻，而海上亦因季风与洋流的影响费时费力，能参与此类经营的商旅多是颇具实力的巨商与官商。

图 12-5　法国国家图书馆藏烧制瓷器图

《中》：在中国古代，经济上实行重农抑商政策，这会不会与鼓励对外贸易发生冲突?

马：作为传统上以农耕经济为主的国家，自汉朝以来，“农本商末”成为中国社会经济的基本思想观念，并由此形成了历代王朝于国内实施“重农抑商”的治政理念。但与此同时，由政府管控的与域外的贸易交往，即“朝贡”贸易、“互市”贸易，也是历代王朝对外经济发展的重要国策，在古代经济社会中占有一定的地位。两者的内、外区别是非常明显的，其政策实施的动机也有很大的不同。其实，“重农抑商”与“朝贡”“互市”贸易在古代社会长期并行不悖地获得了推行和实施，它们之间并不会发生冲突。明清时期出于政治、军防等目的，曾一度有“绝贡”“禁海”政策的出台，但它在中国历史长河中是短暂的，而且不占主导地位。

《中》：刚刚您说到明清时期实行海禁政策，那中国古代王朝在整体上对于这种贸易之路持的是一种什么样的态度?

马：鼓励对外贸易，推动经济交往是中国历代王朝重要的社会发展举措。即使在国内强调“重农抑商”思想的汉武帝，在开拓与西域、中南半岛及南海贸易中也不遗余力。至唐朝，朝廷先后在广州、福州、扬州设立市舶使，管理对外贸易。市舶使的职责是向前来贸易的外国船舶征收关税，并代表朝廷采购一定数量的舶来品，管理海外各国朝贡，总管海路通商事务。这一制度在对外贸易史上具有重要的意义，它正式确立了中国古代市舶贸易管理制度与外贸市场经营方式，从而为后世历代

图 12-6　香港艺术馆藏绘于 19 世纪初的粤海关

王朝所沿用。北宋建立，不仅广设市舶贸易机构——市舶司，而且正式颁布《广州市舶条法》，在各口岸市舶司推行。条文涉及海舶出入港口管理、征税比例、专卖专买等规定。之后的元、明、清三朝海外贸易制度，也都是依据这一条例而制定的。

学界以往有一种认识，即中国古代“朝贡”“互市”制度的主旨是通过建立宗藩关系，“宣扬国威”，达到“万国朝宗”的目的，当然也承认有满足皇室贵族等上层对异域珍宝特产的需求，但以为贸易交往在其中处于末位。实质上这一制度是古代中国与域外各国商品互通、经济互补的主要贸易形式，政府与社会在这一交往形式中都获益不少。唐朝设立市舶使，两宋、元明王朝相继设置市舶司，就是专职于海外贸易的管理及关税的收取。宋神宗在谈到市舶之利时说：“东南利国之大，舶商亦居其一焉，昔钱（吴越国）、刘（后汉国）窃据浙、广，内足自富，外足抗中国者，亦由笼海商得术也。”所以，历代王朝初建，除向域外晓谕国书，示以正统与合法外，还往往遣使四夷，大力招徕胡贾番商前来贸易，以补国用。

按《建炎以来朝野杂记》的载录，北宋初，外贸税收 30 万缗至 50 万缗，占政府总收入的 2% 至 3%。从仁宗皇祐中（1049—1053）至英宗治平中（1064—1067）的 15 年，政府市舶司年收入由 53 万缗增至 63 万缗，增长 18% 左右。到南宋绍兴二十九年（1159），朝廷财政总收入在 4000 万缗至 4500 万缗间，而该年广州、泉州两地市舶司收入就达 200 万缗，约占南宋当年总收入的 1/20。可见，朝贡贸易在古代社会经济中有着重要的地位。

明初朱元璋虽屡颁出海禁令，停罢市舶司。但朱棣登基后，实行积极的对外政策，如派郑和下西洋，恢复市舶司，扩大官方海外贸易。之后明朝海禁政策时紧时松，嘉靖以后又废其他市舶司，独留广州一处。

至正德年间，葡萄牙人从满剌加乘海舶来广州寻求贸易。此后葡萄牙据有澳门，并以此为基地，与广州开展贸易活动。万历年间，广州遂出现官营三十六行代替市舶司主持对外贸易事务的现象。其时广州每年夏、冬两季都要举行定期的市集贸易，也称“定期市”，每次数天或数个星期。时荷兰驻台湾第三任长官讷茨曾讲：中国政府允许葡萄牙人留居澳门，每年两次到广州买货，他们的确从这种通商中比马尼拉的商人或我们获得更多利润。然而中国物产富饶，运往广州的货品很多，以至葡萄牙人没有足够的资金购买。这一商品交易形式虽打破了以往朝贡体制下的贸易关系，但说明政府依然重视海外贸易在经济发展中的重要作用。

清初实行海禁，至康熙二十三年(1684)解除海禁。次年，于广州、漳州、宁波和云台山（今江苏镇江附近）设立四海关，负责对外贸易

图 12–7　香港艺术馆藏绘于 19 世纪初的澳门南湾

图 12-8 清乾隆时插屏上所绘《广州十三行图》

和征收关税等。其时，荷兰因曾帮助清廷进攻郑成功而捷足先登，最早获准与广州贸易；英、法、丹麦、瑞典等国接踵而至，也于广州设立商馆；美国独立后的第二年（1784），派遣商船“中国皇后”号到达广州，西方其他国家也纷纷前来贸易。至乾隆二十二年（1757），清廷关闭漳州、宁波和云台山三商港，广州则依然作为对外贸易口岸存在。这时广州对外贸易由政府委托十三行具体负责，它成为清朝对外贸易的主要形式。但行商的性质与市舶司相近，其主要职责为：包销外商运来的商品；代缴关税和各种现租；代替外国购买各种出口物资；对外商一切活动负保障监督之责；代替政府向外商传达政令，办理一切交涉事宜。

《中》：我国古代实行“朝贡体系”，那当时其他国家对朝贡体系是怎么看待的呢？

马：朝贡关系是古代中国与域外国家政治、经济交往的主要形式，其制度的设定出于儒家思想和传统宗法观念下的“天朝礼治体系”。西周分封制强调的“普天之下，莫非王土；率土之宾，莫非王臣”的“诸侯朝聘”是它的源头。这一诸侯与周天子的朝贡礼制后被延及中外关系中，成为古代中央王朝建立和发展与域外国家关系所遵守的基本原则。周边及远方国家只有在与中国确立政治名义上的朝贡关系后，才可以有进一步的经济往来。同时，一旦宗藩关系建立，所谓“厚往薄来”的怀柔政策成为中央政府与藩属国经济交往的基础，入贡者通过丰厚的“回赐”，获得经济上的利益，这也是朝贡关系得以在中国历史上长期存在的重要原因。宋朝马端临《文献通考》就称：“岛夷朝贡，不过利于互市赐予。”可以说道出了域外国家梯山航海纷纷前来朝贡的真谛。

需要说明的是，我们长期强调的朝贡体制中的“厚往薄来”，是农本社会传统思维认识的结果。这一体制下开展的经济交往，表面看似乎

图 12-9 约绘于 1760 年的《丹麦商馆》，该商馆为丹麦 1731 年设立于广州十三行

属“厚往薄来”，实际在国人“以商为末”“无商不奸”的理念下，往往不把商旅驼马购置、船舶制造的投入，商人旅途耗费时间、雇佣人力等计入成本，况且古代陆、海交通常存在路途险阻，遭遇灾难、盗寇，以及所经地动乱等高风险。所以，国外商人入贡、互市的物品，绝不可能以等价交换，高回报、高利润在古代长远距离贸易中属正常交往的现象。可以说，古代的远途商旅属高风险职业，高回报、高利润自然是其追求的目的，也是他们不远万里、不惧风险、不辞辛劳前来参加朝贡贸易的重要动力。

显然，商品的互补性无疑是推动古代不同国家、不同生产方式的人们相互交往的重要因素。前来中国参加朝贡的域外使团很多也来自周边国家，它们国小势弱，出于政治、经济目的，多愿意顺应这一交往体制，发展与中国的关系。而远方国家的来使，有些是使臣，更多的是受所在国委托的商人，他们原本的目的就是通商，不会计较这一名义上的宗藩地位。

《中》：从历史发展的历程中看，您觉得是朝贡贸易多一点还是互市贸易多一点?

马：朝贡贸易一般指古代王朝与域外国家双方进贡与回赐的经济关系。我们知道，朝贡贸易具有朝贡和贸易两种职能，即政治上，皇帝要对入贡国的君王和贡使予以册封；贸易上，政府要对“贡物”进行估计，给予入贡国所需物品以“回赐”。当然，“回赐”通常是高于“贡物”价值的。除“贡物”外，入贡使团常携带有准附的商货，按规定这些货物既可在入贡国使团登岸的港口，或入境的边关与官方“互市”，也可由入京觐见的使臣携入京城“互市”交易。如唐宋时期广州、泉州“蕃坊”内的互市，隋唐以来设置的“掌方国及互市事”的四方馆，以及明朝京师会同馆的互市，就属此类形式。按文献所载，中央王朝“惟不通商，而止通贡”。也就是说“互市”贸易是在先有“朝贡”贸易的前提下展开进行的，“有贡舶即有互市，非入贡即不许其互市”。直到明末，随着葡萄牙人与广州地方行商贸易活动的开展，这一传统经济交往形式才被逐步打破。

《中》：国家现在也在提倡“21 世纪海上丝绸之路”的建设，您觉得我们今天的采访对建设“21 世纪海上丝绸之路”有什么借鉴意义？

马：海上丝绸之路是古代连接亚、非、欧三洲的海上交通大动脉，是古代中国与南海、印度洋沿岸国家及非洲、欧洲诸国物质和精神文明双向交流的通道。通过这一航道，古代东西方国家不断输入新鲜血液，

图 12-10　广州十三行博物馆陈列的清朝广州商铺复原模型，孙洁摄

促进了其肌体的新陈代谢和营卫调和；同时沿线国家通过海上交通干道所系连的分支网络，交流往来，取长补短，促进了各自的发展。就此意义来讲，海上丝绸之路不仅是商贸之路，也是和平友好之路，更是文明互动之路。但也必须看到，古代中国与域外各国的贸易关系，是建立在对宗主国朝贡体制认同基础上的。奉贡“天朝”名义下的商业往来，使入华贸易的“贡使”、商旅常处于从属、不对等的地位，尽管这一贸易形式多表现为和平与友好。在“21 世纪海上丝绸之路”建设中，需摒弃这一观念，以赢取沿线国家人们的认同、信任和尊重，进而助推中国与沿线国家多层次、多渠道的互动与交往。

此外，在海上丝绸之路的形成中，无论处于东方的中国人、马来人、印度人，还是位于西方的埃及人、罗马人、波斯人、阿拉伯人和葡萄牙人、荷兰人等，都对这一海上交通的开辟，诸水域网络的连接与拓展做出了贡献。亦即古代海上丝绸之路是由东西方人民共同开拓，并逐步建构起来的海上贸易网络。在其历史表述中，不但不应忽略沿线国家人民对此的贡献，更应强调这一历史事实，并以此加强沿线国家、人民之间的互动与交流，调动其参与“21 世纪海上丝绸之路”的主动性。

总之，我们需要把握海上丝绸之路在东西方文明互动中的各种元素及其特征，承继历史遗产，汲取有益经验，赋予这一古代交往通道以新的时代意义，使之在与沿线国家和人民的沟通中产生共鸣，以便更好地推动“21 世纪海上丝绸之路”建设。

图书在版编目（CIP）数据

中国国家历史. 拾叁 / 刘军主编. -- 北京 : 东方出版社, 2018.4
ISBN 978-7-5207-0312-3

Ⅰ. ①中… Ⅱ. ①刘… Ⅲ. ①世界史 Ⅳ. ①K1

中国版本图书馆 CIP 数据核字（2018）第 061130 号

中国国家历史（拾叁）
ZHONGGUO GUOJIA LISHI （SHI SAN）

主　　编：刘　军
策划编辑：李　斌
责任编辑：黄　益　史常余
出　　版：东方出版社
发　　行：人民东方出版传媒有限公司
地　　址：北京市朝阳区西坝河北里 51 号
邮　　编：100028
印　　刷：南京互腾纸制品有限公司
版　　次：2018 年 4 月第 1 版
印　　次：2019 年 9 月第 2 次印刷
开　　本：787 毫米 ×1092 毫米　1/16
印　　张：13
字　　数：160 千字
书　　号：ISBN 978-7-5207-0312-3
定　　价：58.00 元
发行电话：（025）83598820